股权架构设计与股权激励

孙在辰　董冬冬　周晓林◎著

人民邮电出版社
北京

图书在版编目（ＣＩＰ）数据

股权架构设计与股权激励 / 孙在辰，董冬冬，周晓林著. -- 北京：人民邮电出版社，2023.1
ISBN 978-7-115-59972-8

Ⅰ. ①股… Ⅱ. ①孙… ②董… ③周… Ⅲ. ①股权管理－研究②股权激励－研究 Ⅳ. ①F271.2②F272.923

中国版本图书馆CIP数据核字(2022)第163653号

内 容 提 要

股权是现代企业不能忽视的重要内容，它不仅影响企业的现在，更决定企业的未来。股权架构设计、股权激励、股权投融资、股权转让等，已经成为现代企业创立、发展中不可或缺的重要内容。企业家应当是企业的股权架构设计师与股权激励方案设计师，要善于用股权调动员工工作的积极性，用可预期的收益激发员工的潜能。

本书作者根据自身丰富的股权架构设计、股权激励等方面的知识与经验，总结归纳了实用且极具针对性的方法。本书有系统的股权架构设计、股权激励、股权投融资、股权转让等方面的知识与案例，读者可以根据自己的需求学习相关内容。本书适合创业者、企业经营者、股权投资者等阅读使用。

◆ 著　　　　　孙在辰　董冬冬　周晓林
责任编辑　李士振
责任印制　周昇亮

◆ 人民邮电出版社出版发行　　北京市丰台区成寿寺路 11 号
邮编　100164　　电子邮件　315@ptpress.com.cn
网址　https://www.ptpress.com.cn
涿州市般润文化传播有限公司印刷

◆ 开本：720×960　1/16
印张：16.5　　　　　　　2023 年 1 月第 1 版
字数：288 千字　　　　　2025 年 1 月河北第 10 次印刷

定价：89.80 元

读者服务热线：**(010)81055296**　印装质量热线：**(010)81055316**
反盗版热线：**(010)81055315**
广告经营许可证：京东市监广登字 20170147 号

合理、科学、和谐地处理好资本方与劳动方之间的关系，是实现企业创新发展、推动全社会经济发展并走向共同富裕的关键。

股权，是企业股东基于其股东资格享有的从企业获取经济利益和参与企业管理的权利。股权激励，是企业以股权作为激励员工的手段，即将部分股权或部分经济收益权通过股权转让、继承或赠与等符合《中华人民共和国公司法》（以下简称《公司法》）及其他相关法律法规规定的方式授予相关员工。

股权激励的核心目标在于对人力资本的正确使用。越来越多的管理者认识到，人才是促进企业创新发展的关键。然而，随着员工受教育水平的提高、思想观念的更新，加之少数企业在人力资源管理方面存在路径依赖，部分企业和员工之间的关系反而越来越淡薄。企业对员工的管理和激励，更多依赖于劳动合同的激励与约束，员工缺乏对企业的归属感。

完整的股权架构对完善企业制度、促进企业发展和推动企业进步，有着更加重要的作用。这也使得现代企业对合股经营、股权架构的规划尤为看重。在此前提下，如何进行股权架构设计与控制才能使股权合理、根基牢固，如何设计股权激励方案等问题，都是企业应当加以考虑的重点。

本书作者系股权咨询行业内具有丰富实战经验和深厚理论功底的专家，在股权控制、股权架构设计、股权激励、股权转让、股权价值分析等方面，不仅有独到的见解和方法，更有十余年的实践经验。

本书从做企业管理者必须懂股权讲起，全面而丰富地阐释了股权相关的常识，对企业股权架构设计与控制进行了深入剖析，讲述了股权转让与运营的相关内容，讲述了企业控制的相关策略，给出了股权激励的相关方法与方案，揭开了股权投融资的秘密，并教读者如何进行股权收购和股权上市，最后阐释了股权控制的策略与风险。可以说，本书涵盖了股权架构和股权激励的方方面面，是读者学习股权架构、股权激励、股权风险控制等的很好的工具书。

本书结合丰富的真实案例，以生动简洁的语言帮助读者了解不同类型企业在股权实践中的做法，让读者获得启发。

在当前社会经济环境中，企业研究股权架构设计和股权激励等，对促进企业创新发展、提升企业竞争力有着重要作用。因此，本书适合企业管理者阅读，尤其适合从事股权架构设计、投资、咨询等工作的人士深入研究。

编者

2022 年 9 月

目录

第1章 做企业必须懂股权：股权清晰，发展才有力

第 2 章　股权架构设计与控制：股权架构合理，根基才牢固

第3章 股权转让与运营：控制得当，事半功倍

第4章 企业控制策略：印章控制，权责分明

第6章 股权激励（2）：效果评估，因地制宜

第 7 章 股权投融资的秘密：对接资本，乘风而行

第 9 章 股权上市的博弈：内外兼修，长远发展

第1章

做企业必须懂股权：股权清晰，发展才有力

企业的创立和运营中，经常出现这样的无奈：员工招不到、管不了、留不住；创业合伙人平分股权；投资人、资源承诺者占据大部分股权，优秀合伙人和资本后续无法进入。很多拥有好团队、好产品的企业，因为股权问题半道折载。这都是企业负责人不懂股权，不善于进行股权架构设计和股权控制导致的。企业负责人不懂股权架构设计和股权控制，将使企业面临失败的结局！

1.1 股东应该知道的事

现代商业，职位名称五花八门。例如，执行经理、宣传经理、总经理等。实际上，我国《公司法》中，并没有这些职位名称。

但是，《公司法》里没有首席执行官（Chief Executive Officer，CEO），丝毫不影响 CEO 这个名称的使用。

相比职位，股东、高管、实际控制人等与股权有关的概念，才是股东必须了解的。股东对其重要性不可不知，更不能糊涂，否则，对自己、对公司都有百害而无一利。

比如企业负责人 A 认为股东一定要当法定代表人。在自己成为法定代表人之后，他才发现公司许多手续都要自己签字确认，经常由于自己出差造成业务被延迟，给公司带来很多麻烦。

比如企业负责人 B 与朋友一起开公司，获得股权成了股东，以为自己就是公司高管了，但是在开股东会的时候，却发现自己根本没有话语权。

比如企业负责人 C 跟对方公司的法定代表人 D 谈业务时，想当然地认为 D 是对方公司的股东，却不知道，D 在对方公司根本就没有股权，也不是股东。

以上问题都是企业负责人不懂股权造成的。那么企业负责人该懂得哪些关于股权的内容呢？

1.1.1　股东的相关知识

什么是股东？股东有哪些类型？成为股东的方法有哪些？

1. 什么是股东

股东，从字面意思来看，分为两部分：一是"股"，指的是企业的股权；二是"东"，也就是通常所说的"东家"。

大多数情况下，企业的"东家"不止一个，"股"的多少决定了"东家"权利的大小，即持有企业股权的比例大，话语权就大。

法律概念上的股东，是指对企业债务负担有限或无限责任，并持有股权享受股东权益的个人或单位。

可以看出，股东不仅指个人股东，还包括机构股东。个人股东一般是自然人，而机构股东是指企业或其他组织，例如有限合伙企业等。

2. 股东的类型

在企业中，存在不同类型的股东。表 1.1-1 为股东的类型。

表 1.1-1　股东的类型

股东类型	划分依据
隐名股东 / 显名股东	股东实际出资情况与是否有工商登记
个人股东 / 机构股东	股东主体的身份
创始股东 / 一般股东	取得股东资格的时间和条件
控股股东 / 非控股股东	股东持股的比例

（注：本表中的股东类型，将在本章具体讲解）

3. 成为股东的方法有哪些

股东很重要，也有很多人想成为股东，但并不是谁都可以成为股东。图 1.1-1 为成为股东的方式。

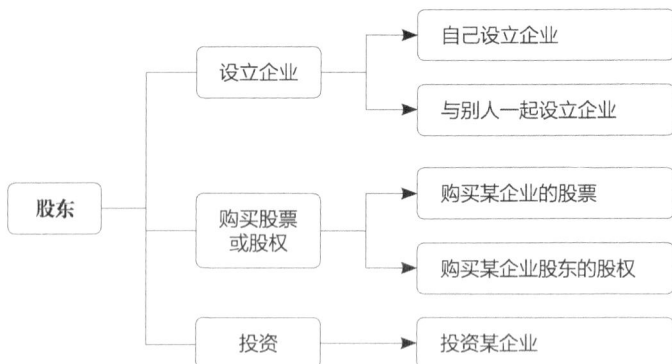

图 1.1-1　成为股东的方式

（1）设立企业。当你设立一家企业，或与别人一起设立一家企业，在设立企业时通过出资取得了股权时，你作为发起人，不仅是股东，更是创始股东。

你和朋友一起成立一家企业，你俩商量后决定企业注册资本为 10 万元，你出了 7 万元，你朋友出了 3 万元，你就持有 70% 的企业股权，你朋友持有 30% 的企业股权，你俩都是企业的创始股东。

（2）购买股票或股权。你可以通过购买某企业的股票或企业股东的股权而成为股东。

一家企业成立后上市，发行股票，当你购买了这些股票，就取得了股东资格。即便你只是小股东，也同样可以行使股东权利，企业开股东会你也可以出席。

即便这家企业还没上市，但原股东想出售股权，只要你们达成了股权转让协议，你出钱买他持有的股权，你同样能变成企业的股东。

（3）投资。你可以通过投资的方式成为企业的股东。例如，你将资金投入企业，你就能成为该企业的股东。

4. 股东与实际控制人、法定代表人、高管、创始人的区别与联系

股东除了要了解上述基本概念，还需要进一步从法律层面厘清与股权相关的主体。许多创业者及企业家，在对股东、实际控制人、法定代表人、高管、创始人等概念的理解上，存在较大的误区。

误区1：股东就是法定代表人。

实际：股东≠法定代表人。

很多人认为法定代表人就是大股东，其实这两者并不是一个概念。表1.1-2为股东与法定代表人的对比。

表1.1-2　股东与法定代表人的对比

角度	股东	法定代表人
从行为上看	股东行为不代表公司行为	法定代表人的行为代表公司的行为
从数目上看	公司股东可以为一人，也可以为多人	公司的法定代表人有且仅有一人
从权利方面看	公司股东依法享有资产收益，参与重大决策和选择管理者，查阅、复制公司章程、股东会会议记录等权利	1. 法定代表人在国家法律法规及企业章程规定的职权范围内行使职权 2. 法定代表人代表企业法人参加民事活动，对企业的生产经营和管理全面负责 3. 法定代表人接受本企业全体成员和有关机关的监督
从责任方面看	公司股东具有特定的义务，比如出资义务、参加股东会会议的义务、不干涉公司正常经营的义务、不得滥用股东权利的义务等	法定代表人的义务来源主要是公司章程的规定

法定代表人是代表公司行使职权的负责人，对外可以代表公司签字。法定代表人签字的合同，即使没有盖公司的公章，也是有效的。

法定代表人不一定是公司的股东，其可以持有公司股权，也可以不持有股权。

可以说，股东是为公司作出决策的人，法定代表人是代表公司做出一定行为的人。

误区2：股东就是高管。

实际：股东≠高管。

高管，也就是高级管理人员，是指公司管理层中担任重要职务、负责公司经营管理、掌握公司重要信息的人员，主要包括经理、副经理、财务负责人等。

不少创业公司，创业者既是股东又是高管；而在公司实行股权激励时，一部分不是股东的高管也能变成股东。可以说，股东不等于高管，但是在满足某些条件的情况下，二者是可以相互转换的。

误区 3：股东就是创始人。

实际：股东≠创始人。

在很多人的观念里，创始人是一家公司里说了算的人，但是并不是所有的股东都是创始人，只有拥有较大的话语权的股东才能说了算，才能被称为创始人。

下棋时，下棋者必须知道棋子的名字和基本走法，创业者、企业家在经营一家公司前，也要了解与公司相关、与股权相关的知识和技巧。

1.1.2　隐名股东并不神秘

创业时代，许多人都参与过创业，这些人作为创业者，直接成了创业公司的股东。也存在一部分人，他们不是创业公司的直接股东，却持有公司股权，这类股东就是通常所说的隐名股东。

某家从事教育的公司，其股东甲加入公司后持有 10% 的股权。在笔者团队提供法律服务的过程中，发现股东甲持有的 10% 的股权，其中有 3% 实际上是属于另外一个资源型人员的，而这位资源型人员就是公司的隐名股东，与之相对的，甲就是公司的显名股东。

1. 什么是隐名股东

根据法律，隐名股东是指为了规避法律风险或出于其他原因，借用他人名义设立企业或以他人名义出资，但没有在企业的章程、股东名册和工商登记中记载名字的出资人。

隐名股东的主要特点如下。

隐名股东不具备股东的形式特征，比如不在工商登记中体现，但对企业实际出资并实际享有股东权利。

2. 什么是显名股东

显名股东，是指在公司隐名投资过程中，约定将隐名股东的出资以自己名义出资、登记的一方当事人。

显名股东具体又分两种情况。

（1）并未实际出资，公示在其名下的股权由隐名股东出资。

（2）虽有实际出资，但公示在其名下的股权中有部分份额实际由隐名股东出资，比如股东甲持有的 10% 的股权中有 3%，属于隐名股东的出资。

隐名股东是受到法律保护的，无论是《公司法》还是最高人民法院的司法解释，都认可隐名股东的法律地位。隐名股东在公司中持有股权，但没有在工商登记中出现，其股东权益如何实现？这就出现了另外一个概念——股权代持。

所谓股权代持，是指隐名股东委托别人代持其股权的行为。而这个"别人"，即代持方，就是显名股东。

隐名股东证明自己跟公司之间存在股权关系的直接证据，就是股权代持协议。这份协议可明确隐名股东与显名股东之间的权利义务关系，有助于隐名股东更好地实现股东权益。

3. 为什么会出现隐名股东

从个人角度来说，可能是个人身份特殊，不方便成为显名股东；从公司的角度来说，可能是公司不希望某些合伙人立即成为工商注册股东。实际中，隐名股东出现的原因主要有以下三点。

（1）规避对持股人身份的限制。例如，出于某种原因，某机构或个人要赠与或转让股权，但由于受让人在公司具有一定身份，或者公司管理制度规定受让人不能直接持有股权，那么受让人可以考虑成为隐名股东。

（2）规避法律关于股权转让的限制。《公司法》第七十一条规定，股东向股东以外的人转让股权，应当经其他股东过半数同意。如果股东向他人转让股权，为了规避这一条款的限制，双方可以协商不变更股东名册及工商登记，也就是通过隐名股东的方式持股。

（3）规避法律关于一人有限责任公司设立主体的限制。《公司法》第五十八条规定："一个自然人只能投资设立一个一人有限责任公司。该一人有限责任公司不能投资设立新的一人有限责任公司。"实践中，部分投资者在已经设立一个一人有限责任公司的情况下，如果想再设立一个一人有限责任公司，就可以以他人的名义设立，而自己成为隐名股东。

案例　隐名股东的"显名"之路

在商业实践中，实际出资人出于各种考虑，不愿经工商登记将自己的股东身份公之于众。此时，实际出资人就需要选择信得过的人，通过股权代持的方式来代理其行使股东的权利。

显名股东与隐名股东之间基于股权代持协议而产生了相应的合同关系，但隐名股东与公司其他股东之间并无直接的合同关系，如果隐名股东想要"显名"，应该如何实现呢？

通过以下两个案例，可以发现"显名"之路其实不那么轻松。

案例一

李先生退休后，积累了一定的财富，于是想通过投资企业来使自己的财富保值增值。刚好其女婿周先生称他有几个朋友想合伙办一个企业，但苦于没有资金，李先生可以投资一笔钱加入企业。出于对自己女婿的信任，李先生便同意投资100万元，所有的投资入股手续都由其女婿代为办理，周先生也顺理成章地成了该企业的登记股东。但李先生和周先生口头约定，等企业挣钱之后要按照一定比例给予李先生分红。

刚开始几年，李先生每年都能通过周先生拿到一定的企业利润分红。哪知道好景不长，几年后，周先生与李先生的女儿感情破裂闹起了离婚，周先生也不再给予李先生分红，并声称自己才是公司的真正股东。公司的其他股东也表示不知道李先生与周先生之间的股权代持关系，他们一致认可周先生才是公司的股东。李先生无奈，向法院起诉要求公司将其登记为股东。几经周折，李先生也没有打赢官司。

案例二

淮信公司于 1997 年成立，注册资金为 300 万元，股东分别是市建设局和信托公司。同年 6 月，淮信公司吸纳了张某某 400 万元的资金，并签订协议约定由张某某取得股权并享有收益。1998 年，淮信公司增资至 1 000 万元，原股东市建设局将其全部股权转让给金信公司。殷某作为新"股东"加入淮信公司，但其 400 万元出资全部由张某某实际缴纳。增资后的淮信公司的股权结构为：金信公司出资 20 万元占股 2%，信托公司出资 580 万元占股 58%，殷某作为登记股东占股 40%。金信公司、信托公司与张某某还签订了合同，载明张某某以殷某的名义进行投资，殷某具有相应的管理权和监督权。

此后，张某某参与了数次淮信公司的重要会议，如参与公司的增资确认会议、公司章程的修改会议，并在相关的会议文件上签字；参加公司董事会和股东会会议，并经决议通过成为公司的股东会、董事会、清算组成员，并在相关会议纪要上签名。

再后来，张某某因与显名股东发生纠纷，将显名股东与淮信公司告上法庭，要求确认其为淮信公司持股 40% 的股东。案件经过一审、二审、最高人民法院再审后，最终确认张某某的股东身份。最高人民法院认为，在本案中，张某某与公司其他股东签订的协议书等文书证据，证明公司其他股东对于张某某的"隐名股东"身份是知晓的，且张某某实际出资 400 万元，并参与公司股东会等重要的治理机构的会议，实际行使了公司股东的权利，对于张某某的主张应当予以支持。

同样是隐名股东要求显名，为什么会产生两个截然不同的结果呢？

通过上面的两个案例，可以发现隐名股东的"隐名"也有两种类型。一是对内隐名，对外也隐名，即公司的内部股东和公司外部的第三人均不知晓隐名股东与显名股东之间的股权代持关系。二是对内不隐名，对外隐名，即公司的内部股东均知晓隐名股东与显名股东之间的股权代持关系，但公司外部人员并不知晓。

当隐名股东对内、对外均隐名的时候，公司内部股东不知晓也不认可隐名股东的股东身份，此时隐名股东想要显名，必须取得公司过半数的股东同意；如果隐名股东对内没有隐名，其显名的过程就相对简单，一般情况下法院在查明隐名股东的出资等事实后，会予以支持。

隐名股东想要维护自己的合法权益，一定要做到以下几点。

首先，要签订书面的股权代持协议。案例一的李先生就是因为没有书面股权代持协议，才让自己陷入有苦说不出的困境。

其次，要向公司其他股东披露自己的代持情形（这点非常重要）。案例二中的张某某就是与公司其他股东签订了相关的协议，才让自己在后面的维权中占据优势。

最后，要经常参与公司的重要经营和决策（坐实自己实际出资人的身份）。这点也很重要，是隐名股东"形"隐"实"不隐的关键。

1.1.3　成为控股股东的条件与要求

控股股东，是指出资额占有限责任公司资本总额 50% 以上，或持有股份有限公司股份总额 50% 以上的股东。股东出资额或持有股份比例不足 50%，但享有能对股东会、股东大会产生重大影响的表决权时，也可视为控股股东。

1. 怎样才能被认定为控股股东

成为企业股东并不困难，但怎样才能成为控股股东？股东如具备以下任何一项条件，即可被视为控股股东。

（1）股东持有企业股份比例超过 50%，并拥有表决权，能参与对企业事项的正面决策。

（2）股东持有企业股份不足 50%，但企业章程约定，其能通过表决，对企业事项加以否决，并对企业的股东大会决议形成重大影响。

在一家企业中，并不必然拥有控股股东。当企业的股东出资分散时，单一股东持股比例少于 50% 而且无法行使否决权，即可认定该企业没有控股股东。

2. 控股股东和实际控制人的区别

控股股东，是企业的股东之一。实际控制人可以是控股股东，也可以是控股股东以外的其他自然人、法人或其他组织。

实际控制人不一定是企业股东，但其通过投资、协议或其他安排，能实际控制企业行为。

例如，S企业的股权结构如表1.1-3所示。

表1.1-3　S企业的股权结构

序号	股东名称	股份数量（万股）	持股比例
1	K市城市建设投资发展有限公司	402.683 9	72.86%
2	K市国有资产投资经营有限责任公司	150	27.14%
	合计	552.683 9	100%

该企业的股权结构中，K市城市建设投资发展有限公司（以下简称K市城建投）共持有S企业72.86%的股份，系企业控股股东。

S企业共有两名法人股东，包括持有72.86%股份的K市城建投和持有27.14%股份的K市国有资产投资经营有限责任公司。由于K市国资委持有这两家公司100%的股权，因此K市国资委为该企业的实际控制人。

3. 控股股东行为规范

控股股东是重要股东，但不意味着其可以为所欲为。根据相关法律法规，控股股东有以下行为规范。

（1）控股股东应遵守诚实信用原则，严格履行其所作出的各项承诺，保障企业和股东利益。

（2）控股股东不得滥用权力，通过关联交易、提供担保等方式，直接或间接侵吞企业资金、资产，或损害企业及其他股东利益。

（3）控股股东应积极协助企业建立内部管理制度，确立相关人员的工作职责、权限和责任追究机制。

（4）控股股东应维护企业资产完整，按法律规定和合同约定，办理给企业投入或转让资产的过户手续，维护企业人员、财务、业务和机构的独立性；不得直接或间接干预企业的决策及依法开展的生产经营活动，损害企业及其他股东的权益；不得对股东大会人事选举决议和董事会人事聘任决议履行任何批准手续；不得越过股东大会、董事会任免股份有限公司的高级管理人员。

1.1.4 股东的权利、义务与身份证明

股东是企业成立的重要基础，股东履行义务，才能维护和促进企业的发展。在承担一定义务的同时，股东还应享有相应的不可侵犯的权利。

甲、乙两公司是丙公司的投资股东，分别持有丙公司 55%、18.125% 的股份。甲公司工作人员担任丙公司的法定代表人和总经理。借助身份，甲公司先后向丙公司借款达 3 971 万元，却用价值不等的房产来抵债，严重侵害丙公司其他股东的权益。为维护自己的权益，丙公司其他股东委托乙公司作为非控股股东，对控股股东甲公司提起诉讼。经法院审理，明确甲公司构成侵犯股东权利的事实，并判令甲公司赔偿丙公司的经济损失。

上述案例，说明了股东权利、义务的平衡性。

1. 股东的权利是什么

股东的权利是指在按《公司法》注册的企业中，企业财产的一个或多个权益所有者拥有哪些权利和按什么方式、程序来行使权利。根据《公司法》的规定，股东依法享有以下权利。

（1）知情权。知情权是公民的基本权利，任何公民都依法享有知情权。在企业经营管理中，知情权也是股东最基本的权利之一。

（2）优先认购权。根据法律规定，股东对企业新增的资本有优先认缴出资的权利，但前提是股东必须按照出资比例认缴。

（3）资产收益权。资产收益权即获得企业收益的权利，是指股东可以按照实缴出资股份的比例获得企业红利的权利。

（4）参与重大决策权。企业在作出重大决策时，股东有权并有权委托代理人表达自己的意见，按照出资比例行使表决权。

（5）选择管理者权。股东有权通过股东大会或股东会选举企业或控股企业的

董事或监事。

根据股权来源、行使主体、行使方式、行使目的等的不同，股东的权利也有所区别。表1.1-4为股东的权利分类。

表1.1-4　股东的权利分类

分类的依据	股东权利类型	含义
股权来源	法定股东权	股东依法享有、受法律保护、不得被公司章程和股东会或股东大会决议剥夺或限制的权利，如知情权、资产收益权等
	章程规定的股东权	由公司规定，经公司章程、股东会或股东大会决议可以被剥夺或限制的权利，如股份转让权
行使主体	一般股东权	公司普通股东行使的权利
	特别股东权	公司特定股东行使的权利
行使方式	单独股东权	一名股东即可行使的权利，如表决权等
	少数股东权	出资的比例达到一定的份额才可行使的权利，如公司重整申请权等
行使目的	自益权	股东出于为自己获取利益的目的而行使的权利，如股息和红利分配请求权等
	共益权	股东出于为自己和公司获取利益的目的而行使的权利，如临时股东大会自行召集权等

股东在行使权利时，应注意确保行使权利的合法合规性，避免产生风险。

2. 股东的义务是什么

股东的权利与义务紧密联系、相辅相成，共同维护和促进公司的健康和持续发展。《公司法》在规定股东权利及权利范围的同时，对股东应履行的义务有以下规定。

（1）出资义务。认缴出资是获得股东身份的前提，是股东的基本义务之一。个人或公司只有在规定的时间内足额缴纳资金，才能成为公司的股东。

（2）不得抽逃出资的义务。公司成立后，股东不能撤回缴纳的资金。

（3）遵守法律法规及公司章程的义务。《公司法》第二十条对股东应遵守法律法规及公司章程的义务作出了明确的规定，股东"不得滥用股东权利""不得滥用公司法人独立地位和股东有限责任"，股东因违反规定而给公司或其他股东造成损失的，应依法承担赔偿责任。

3.股东身份如何证明

根据法律规定，股东的身份证明主要包括以下几种。

（1）出资证明书。有限责任公司中，出资证明书是股东已经足额履行出资义务的证明。公司应依法给予出资的股东出资证明书，其既是法律文件，也是股东权利的重要凭证。根据《公司法》的规定，出资证明书应当对股东的姓名或名称、缴纳的出资额和出资日期，出资证明书的编号和核发日期，以及公司名称、公司成立日期、公司注册资本等事项有详细的记载，并由公司盖章后向各个股东签发。

（2）股东名册。有限责任公司成立后，应依法制定记载有股东姓名或名称、住所、出资额和出资证明书编号的股东名册。

（3）股票。股票是股东身份的证明，公司或个人只要购买了某公司发行的股票，就是股东，但股东的权利会受出资比例的影响。

股票分为很多类型，与股东息息相关的主要是优先股和普通股。表1.1-5为优先股和普通股的区别。

表1.1-5　优先股和普通股的区别

股票类型	区别
优先股	1.固定股利，股利数额较高，承担的风险较小 2.退股较为方便，可以通过赎回条款回售给公司 3.不享有表决权和公司经营参与权
普通股	1.非固定股利，股利数额随公司盈利情况变化，具有不确定性，承担的风险较大 2.对公司重大问题拥有发言权和表决权 3.退股较为困难，只能在二级市场变现退股

从表1.1-5可知，优先股与普通股各有利弊。某些情况下，股东可凭借公司开具的权利证书，以低于市场价的价格优先认购股票，这也是股东身份的证明之一。

1.1.5　股东能否随便撤资

企业设立或增加资本时，发起人和认股人为取得股份或股权，须按法律规定或企业章程认缴出资。为促进企业合法经营，积极保护债权人的合法权益，股东在履行出资义务后，不得随便撤资。

创业人A与朋友B一起合作开公司，两人商量后决定创业人A出资70万元，B出资30万元。在公司经营过程中，A和B产生意见分歧，于是B决定撤资，并且让A直接从公司账户把出资金额如数归还。此时B提出的要求是不符合法律规定的，因为在公司经营过程中，股东不可随意撤资，且未经法定程序抽回出资金额属于抽逃出资，需要承担相应的法律责任。

1. 股东在什么情况下可以撤资

股东撤资不仅会导致企业经营不稳定，还会损害债权人的合法权益。因此，企业经营过程中，股东不可以随便撤资。

实际经营过程中，股东可以通过4种合法方式实现撤资。

（1）股权转让。这是股东撤资最简便的方法之一。股东可将股权转让给其他股东，或股东以外的人，将股权转让给股东以外的人需经过半数以上的股东同意。

（2）减少注册资本，注销股份。减资也是合法的撤资方式。但在减少注册资本的时候，必须履行一定的议事程序和表决程序，还要进行公告，通知债权人。

（3）企业回购。企业发展过程中，不可避免地会出现企业经营策略与个人意志相悖的情况。此时，根据协议的约定及法律和章程的规定，股东可以要求企业回购其股权。

（4）清算。清算是通过解散企业或破产清算，对财产进行回收的方法。除非企业已没有办法正常经营，否则这种方法很少被使用。

无论通过何种方式，股东撤资时，企业都不能贪图方便直接将出资额退给股东，否则股东将涉嫌抽逃出资，应承担相应的法律责任，企业也会面临罚款。

2. 股东撤资的步骤

股东撤资的方法比较固定，主要有股权转让、减资、企业回购、清算等。无论是股权转让还是企业回购，都需要股东和企业双方同意，否则股东即使意愿再强烈也无法撤资；在双方都同意后，还需要按照约定履行相关退出机制和议事程序。

1.1.6　股东出资协议与企业章程的关系

股东出资协议，是指出资人在出资过程中，为保证各股东的权利和义务而签署的协议。

企业章程，包括企业组织结构的基本框架、经营活动的基本职责等，是各股东共同意愿的一致表示。

1. 股东出资协议与企业章程的联系

股东出资协议与企业章程的内容存在相同之处，包括约定企业名称、注册资本、经营范围、股东出资及比例、出资形式等。

通常情况下，企业章程以股东出资协议为基础制定，股东出资协议的内容也有机体现在企业章程中。两者发生冲突时，应以企业章程为准。

企业章程中未规定的事项，而股东出资协议中有予以规定的内容，则该内容对股东有效。

2. 股东出资协议与企业章程的区别

股东出资协议与企业章程之间存在重要区别。

（1）企业章程是必备文件，而股东出资协议则是任意性文件。

（2）企业章程主要作用对象包括企业、企业内部组织机构、股东、其他人员等，而股东出资协议的作用范围仅限于股东。

（3）二者效力期限不同。股东出资协议主要在企业设立时产生法律效力。企业章程的效力期限，主要为从企业设立开始到企业解散或清算终止。

1.1.7　如何认识企业法人人格否认

企业法人人格否认，是指特定情况下，针对为达不正当目的而滥用企业独立法人人格的股东采取否认行为的制度。

企业法人人格否认的意义，在于当债权人合法权益因股东滥用企业独立法人人格而受到损害后，保证其能直接请求该股东偿还债务、承担连带责任。

在我国，随着监管方式的革新与进步，企业法人人格否认制度也在实践中有所发展。

1. 企业法人人格否认制度的法律依据

《公司法》第二十条规定："公司股东滥用公司法人独立地位和股东有限责任，逃避债务，严重损害公司债权人利益的，应当对公司债务承担连带责任。"从法律依据可知，企业法人人格的否认只针对个案，并需结合实际情况，属于一种特殊情形，而非彻底、全方位地永久否认。

2. 企业法人人格否认制度的要素

企业法人人格否认制度的合法合理组成要素如下。

（1）企业已取得营业执照，并具有合法性，即企业已获得了法律上的独立法人人格。

（2）企业的合法债权人，或善意第三人，可以提出企业法人人格否认的诉讼要求。

（3）股东确实发生了滥用企业独立法人人格的行为，并对债权人或善意第三人的合法权益产生一定程度的侵害。

赵某销售一批货物给 A 公司，货款 200 万元，后 A 公司表示无力支付。A 公司由王氏夫妻开办，该公司资金往来大都通过其个人账户，公司会计账目也不规范。此外，王氏夫妻还另开办 B 公司，法定代表人和 A 公司相同，经营范围也雷同。A、B 公司的办公场所相互悬挂标识，A 公司对外宣传也使用 B 公司的联络方式。

赵某在要求 A 公司偿还货款无效后，向法院提起诉讼，并基于主张的事实，提出对 B 公司的法人人格否认，要求 B 公司也应对 A 公司的债务承担连带责任。法院审理后，认定 B 公司应对 A 公司的债务予以清偿。

当股东试图将企业的法人人格作为保护伞，获取不正当利益时，就与立法精神相违背。这种情况下，企业法人人格否认制度将会发挥作用，以确保市场的公平、稳定，也对企业股东有所警示。

1.1.8 股东抽逃出资如何处理

A 与其他人共同设立了一个有限责任公司，A 实缴出资 50 万元。但 A 的 50 万元是借来的，在完成公司的验资和工商登记程序后不久，A 又将这 50 万元从公司转回了自己的账户用于归还欠款。A 的此行为构成抽逃出资。

企业在法律上具有独立人格，能够以自己的名义独立从事民事活动和承担民事责任，即"法人"。股东对企业完成出资后，其出资即变成企业财产，未经法定程序，股东不得抽逃出资。

1. 哪些情形属于股东抽逃出资

《最高人民法院关于适用〈中华人民共和国公司法〉若干问题的规定（三）》（以下简称《公司法司法解释三》），对股东抽逃出资的认定作了下列规定。

（1）制作虚假财务会计报表虚增利润进行分配。股东如通过制作虚假财务会计报表虚增利润进行分配，损害企业权益的，构成抽逃出资。

（2）通过虚构债权债务关系将其出资转出。股东通过虚构买卖交易、借款、抵扣等债权债务关系，将出资转出的，构成抽逃出资。

（3）制作虚假财务会计报表虚增利润进行分配。在实践中，虚假财务会计报表虚增利润具有复杂性、模糊性特点，需要仔细区分。

（4）利用关联交易将出资转出。股东通过关联交易将出资转出，实际上属于虚构债权债务关系。通常情况下，股东利用特殊身份或影响力，将企业资本金通过"交易"的方式转移至交易相对方，该交易相对方能为股东所控制，最终资本金流向股东的，构成抽逃出资。

例如，C 是甲公司的股东兼法定代表人，同时又是乙公司的实际控制人，C 利用自己在甲、乙公司的影响力，将乙公司的产品以明显高于市场的价格卖给甲公司，将自己在甲公司的 500 万元出资抽逃。

（5）其他未经法定程序将出资抽回的行为。企业的经营是纷繁复杂且变化万千的，法律无法将所有抽逃出资的行为列举出来，只列出了生活中常见的典型情况。

2. 股东抽逃出资可能承担哪些法律责任

股东将出资抽回，首先损害了企业的财产权益，违反了企业资本维持原则。其次，股权平等原则是现代企业的基本原则之一，股东将出资抽逃了却还享受原有出资份额的权利，变相地损害了其他股东的权益。最后，股东抽逃出资导致企业责任财产的减少，可能损害企业债权人的权益。

违法就要承担责任，股东抽逃出资可能要承担行政责任、民事责任甚至刑事责任。

3. 对抽逃出资股东的权利限制

股东在公司成立后抽逃出资的，属于违约行为和民事欺诈行为。对抽逃出资的股东，公司应限制其某些权利的行使，直到解除其股东资格。

1.1.9 股东出资瑕疵如何处理

股东出资瑕疵，是指股东的出资时间、方式或行为，存在不完全符合法律或企业章程规定的情况。针对股东出资瑕疵，应按问题类型分别处理。

1. 股东出资瑕疵问题类型

股东出资瑕疵问题主要包括以下类型。

（1）出资不足。股东未按协议或企业章程的规定，履行全部出资义务。例如，股东在协议中认缴企业注册资本80万元，但实际出资只有40万元，这属于不足额出资。

（2）不适当出资。股东未按协议或企业章程的规定，履行全部出资义务，或出资时间、手续、方式不符合法律规定的登记行为等。

例如，企业成立后，按照协议应以实物、知识产权、土地使用权作价出资的股东，未完全办理财产权的转移手续，即可视为不适当出资。

（3）虚假出资。股东形式上出资，但实际上并未出资。例如，股东采取与验资机构串通的方式提交虚假验资报告等。

（4）抽逃出资。股东将已投资归企业所有的财产，私自抽回归个人所有。例如，某股东以货币形式向某企业出资70万元，不久后又从企业账户抽出70万元到个人账户消费。

2. 股东出资瑕疵问题的解决

企业经营中产生股东出资瑕疵问题，并非个别现象，也不一定会对企业的发展构成实质性的破坏，关键是股东能否以正确方式彻底解决该问题。

对一般类型的股东出资瑕疵问题，主要解决方法如下。

（1）补足出资。无论是何种出资瑕疵，涉事股东应首先确保出资能真实到位，使注册资本充足。

股东补足出资的方式如下。

一是采用货币资金直接补足，如股东拿出现金补足，或利用企业分红的形式在解决税务问题后补足。

二是以固定资产、无形资产等形式补足。

三是利用债权形式补足。

无论以何种形式补足，基础的做法是"缺多少补多少"。如果企业选择更科学的补足标准，还应由财会人员根据近期末财务报表每股净资产折算出具体金额，然后加以补足，剩余部分则计入资本公积。

（2）减资或置换。股东利用土地、房产、股份、车辆或其他产权作为企业出资而发现存在瑕疵后，应通过减资手续，将有瑕疵的出资从企业注册资本中剥离。具体方式是由原股东以等额的货币资金，对瑕疵资产进行置换，也可将瑕疵资产作价换取等额货币资金，以转让的方式补足出资。

需要注意，瑕疵资产的转让或置换，均不能比原出资价值更低，避免再次被认定为出资不足。

1.2 企业股权如何控制

经营一家企业，如同做大一个蛋糕，控制企业的股权，就是将切蛋糕的刀牢牢抓在自己手上。

企业发展壮大，既需要融资，也需要激励，这关系到股权架构的变更。与此同时，在经历了筚路蓝缕的创业，将企业扩张到一定规模后，谁也不愿意在收获成果时，被边缘化甚至被踢出局。创始人几乎都希望将控制权保留在手中。因此，了解如何控制企业股权，是学习股权架构的重要内容。

1.2.1 同股同权与同股不同权

同股同权，是指股东持有同种类、同等数量的股票后，即拥有同样的权利，能按自身出资份额平等出席股东大会并表决，参与企业重大决策等的模式。

同股不同权，是指同一家企业的股东，所享有的投票权与其持有股票种类、数量不成比例的模式。

以京东为例，由于企业不断融资，创始人刘强东的股权被不断稀释。2016年，京东收购 1 号店后，刘强东手中的京东股权只有不到 16%，却依然凭借同股不同权模式左右京东。

同股不同权主要的模式即 AB 股模式。

AB 股模式将企业股份分为两类，即 A 股和 B 股。其中 A 股为控制股，B 股为投资股，两类股份对应不同的投票权。如在一家企业中，创始人持有 10% 的股份，并设定为 A 股，而其他投资人持有 90% 的股份，并设定为 B 股。当 A 股和 B 股的投票权比例为 10 ∶ 1 时，则创始人有 10 票的投票权，而其他投资人只有9 票的投票权。因此，即便创始人只拥有企业 10% 的股份，也能凭借同股不同权的模式，控制企业，拥有决策权。

目前，我国大多数企业实行同股同权模式，少数企业，如互联网科技企业，实行同股不同权模式。实行同股不同权的企业大都采取 AB 股模式，其中 B 股面向投资股东发行，每股对应 1 票投票权，甚至没有投票权，而 A 股则为创始团队或管理层成员持有，每股对应 n 票投票权。

1.2.2 如何实现控制股权

如何才能确保创始人始终控制企业？关键在于对股权的控制。

控制企业股权，具体分为三个层面，包括股权层面的控制权、董事会层面的控制权和企业日常经营管理层面的控制权。

1. 股权层面

股权是企业的底层控制基础。企业所有重大事项的执行，都基于股权的效力，包括修改企业章程、任命董事、企业重大战略变化等。创始人丢失股权层面的控制权，很容易失去企业控制权。

曾经的电商平台 1 号店，其创始人为了获得融资而向平安集团让出 80% 的股权，实际上交出了企业控制权。

创始人如何稳定控制股权？控股类型主要有以下三种。

（1）绝对控股。创始人持股达到 67%（约三分之二）以上，确保对企业重大事项决策权的掌控。

（2）相对控股。创始人为持有企业最多股权的股东（最少为 51%），与其他任一股东相比，都能保持相对的决策权。

（3）法律控股。企业最高决策机构是股东会。股东会内普通表决事项，需要半数以上表决权通过，而少数重大事项（如修改企业章程）需要三分之二以上表决权通过。创始人始终确保在股东会内表决权的优势，即可对企业实现股权层面的控制。

2. 董事会层面

对董事会的控制，是创始人控制股权的重要方式。企业投资人大都希望享有董事的任免权，企业也需要创始团队之外的董事来推动企业发展。因此，董事会也是通往股权控制的必由之路。

通常情况下，企业在 A 轮融资时可以设置 7 名董事，其中创始团队董事席位可为 6 个。即便到第三轮融资后，创始团队董事席位还能保有 4 个。

除此之外，还能通过以下方式控制董事会。

（1）控制主动权。对企业股东会表决权予以控制，选派或指派本方人员为董事会成员。

（2）控制董事提名方式。董事会成员通常由股东、董事会成员提名产生，或通过公开召集候选人的方式产生。

（3）审查董事资格。企业章程可规定对董事资格的审查程序，如召开股东座谈会、听取股东意见、审查候选人任职资格等。

（4）限制董事更换数量。创始人可对每年改选董事人数予以限制，并设置可更换比例。

（5）提高表决通过投票比。创始人可修改企业章程，将董事提名、董事长选举等事项列为特别表决事项，要求这些事项需要三分之二以上董事投票通过。

企业的日常经营管理事务通常由董事会决定，创始人只要确保控制了董事会，就能控制企业日常经营管理。

1.2.3 股份期权和虚拟股权

股份期权与虚拟股权是较为特别的股权类型。

李先生是一家公司的创始人，在一次招录核心高管时，看中毕业于名牌大学、有着丰富经验的汪先生。李先生想让汪先生加入公司，一起打拼，合作共赢。汪先生则提出：要么拿到股份期权，要么获取虚拟股权，这是自己入职的条件。

李先生有些疑惑：这两种股权有什么区别，哪一种更适合留住人才？

所谓股份期权，又称虚拟股票计划，在非上市股份有限公司中，首先将公司所有权转化为若干虚拟股份，然后根据特定的契约条件，赋予企业经营者或劳动者在一定时间内以某个特定的价格购买一定份额的股权的权利。

所谓虚拟股权，其本质是分红权，同样也需要把公司的股权分成很多份。取得虚拟股权，就相当于每年有了对应股份分红的权利。

简单来说，工商股权是法律意义上的股权，股份期权是公司治理中对应的权利，而虚拟股权的本质是分红权。除了分红，虚拟股权通常不包括工商股权和股份期权所包括的其他权利。

结合这一理论知识，李先生就可根据实际情况，为汪先生分配相关股权。

1.2.4 直接持股、间接持股、交叉持股

出于控制企业程度的不同需求，股东并非总需要绝对控股。在股权架构或激励实践中，可通过直接持股、间接持股、交叉持股等不同方式实现公司控股。

1. 直接持股

直接持股，即股东以自然人身份直接持有企业股份。

在常见的股权激励中，企业会将股份直接授予管理者，也可能会授予其较大的投票权。而当企业进行对外收购以控制其他企业时，也会使用直接持股对其进行控制。

直接持股不涉及中间平台，没有多余架构，股权明晰，持股成本较低。

2. 间接持股

间接持股，即一家企业的股东，通过其他形式的载体，持有另一家企业的股份。

间接持股大都呈现为金字塔式控制链，即实际控制人直接控制第一层企业，第一层企业再控制第二层企业，由此通过多层次链条最终控制目标企业。

图 1.2-1 为金字塔式控股。

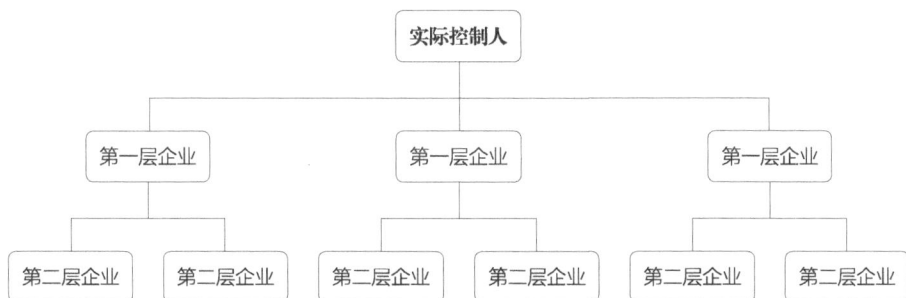

图 1.2-1 金字塔式控股

企业通过收购其他企业大股东的股权、向大股东增资扩股、出资与大股东成立合资企业、托管大股东股权等，都能完成金字塔式控股。

与直接持股相比，间接持股有明显的优点。例如，间接持股在形式上没有变更企业股东，对特殊行业能起到简化程序的作用。间接持股还能在某些情况下有效降低税务成本。

3. 交叉持股

交叉持股，又称为相互持股，是指两家或两家以上的企业股东，为特定目的而相互持有股份，形成相互交叉的股权结构。

交叉持股具有以下优势。

（1）有助于企业形成整体股权优势，提升对恶意收购的抵御能力，避免企业控制权旁落。

（2）有助于企业之间横向协作、纵向整合，发挥集体优势，形成资源互补。

（3）有助于分散企业经营风险，让原始股东和新股东之间形成联盟。

（4）有助于企业获取资金，并能用较少资金获得较大的企业控制权。

交叉持股也存在某些劣势，例如造成企业的正常估值被夸大、容易滋生企业间内幕交易，或者造成企业治理结构失衡等。

1.2.5 股权代持后，隐名股东如何维护权益

股权由显名股东代持，自己成为隐名股东，这样的情形越来越常见。隐名股

东的自由度更高，但也有可能会遭遇风险。

那么，隐名股东该如何维护自身的权益呢？

2015 年 2 月，吴先生认识了丁先生。丁先生手头有建筑项目，希望与吴先生合作，共同成立一家建筑工程公司，由吴先生负责协调建筑项目的技术工作。

吴先生很看好这个项目，所以接受了邀请，成为公司的发起人之一，占股20%。由于吴先生暂时不方便出现在工商登记中，因此，吴先生委托朋友田先生代持股权，并和田先生签订了股权代持协议，约定股权由田先生代持，但实际出资人和股权受益人是吴先生。股权代持协议中约定，2016 年 2 月田先生应当将股权变更登记到吴先生名下。

很快，建筑工程公司顺利成立并办理了工商登记。工商登记上记载丁先生占股40%，钱女士占股 20%，高先生占股 20%，田先生占股 20%。之后，出于其他原因，吴先生和田先生之间产生了矛盾，直到 2016 年 3 月，田先生都没有配合吴先生进行股权变更登记。吴先生找到丁先生等股东，希望他们能够予以帮助。但是，丁先生等人并不同意股权变更。

现在，吴先生可否向法院申请要求强制变更工商登记呢？

这类案件近年来呈多发趋势，遗憾的是，吴先生无权要求强制变更工商登记。

作为隐名股东，吴先生必须经过过半数其他股东同意，才能强制变更工商登记。

从法律上来说，隐名股东原则上只享有投资收益权，在工商登记上并不出现。隐名股东在隐居幕后时，就应预见到显名股东私自处理股权的风险。隐名股东在享有隐名带来的利益时，也应当承担隐名带来的风险。

本案例中，吴先生与田先生签订了股权代持协议，但根据合同的相对性，该协议只能约束吴先生和田先生，并不能约束其他股东。吴先生虽是公司的实际出资人，且依照与田先生的协议享有股权，但并不当然获得公司的股东资格。吴先生若想获得股东资格，需经公司过半数股东同意。

隐名股东虽是实际出资人，但在公司章程、股东名册或其他工商登记材料中未被记载姓名。鉴于此，隐名股东想要受法律保护，应当符合以下三个条件。

（1）隐名股东与显名股东之间有口头协议或书面协议，该协议是双方自愿达成的合法协议。

（2）股权代持协议是在公司未依法成立时签订的。

（3）隐名股东负出资义务，显名股东负营业及分派利益的义务。

实践中，隐名股东与显名股东发生争议的，应从涉诉公司的运作模式、隐名股东产生的原因、隐名股东出资、工商登记情况等方面进行判断，以认定隐名股东与显名股东之间是否构成委托代理关系，双方签订的股权代持协议是否应视为合法有效。

1.2.6　隐名股东如何变为显名股东

2017 年，由最高人民检察院影视中心出品的电视剧《人民的名义》好评如潮。其中有一个情节引人注意：大风厂由国企改制而来，改制时职工持有公司40% 左右的股权，由于历史原因，职工作为隐名股东并未在工商部门登记备案，而后大股东擅自将股权质押，导致股权被法院处分，引发群体事件。这就是隐名股东权益被侵害的问题。

现实中，隐名股东不在少数，他们该如何保护自己的权益，如何变为显名股东呢？

现代经济社会中，股权代持是一种常见的合同行为。隐名股东的风险表现在：显名股东存在失控的风险，显名股东在公司决策中一旦失控，由于缺乏股东的权利外观，隐名股东往往无法直接接管公司。

目前，司法实践采取的是"兼顾原则"，兼顾个体与社会公共利益。一方面，对隐名股东的身份予以承认；另一方面，依据商法外观主义原则，赋予外部交易相对人信赖利益对抗权，隐名股东不能对抗基于对公司登记事项的信赖而从事交易的第三人。

对隐名股东而言，以下方法能保护其自身的权益。

（1）签订有效合同以规避风险。隐名股东与显名股东应在企业成立时，在股权代持协议中明确约定双方的权利和义务，以保障自己的合法权益。

（2）取得其他股东的同意。为防止未来可能产生的变故，建议隐名股东征得其他股东的同意，最简便的方式之一就是让其他股东在股权代持协议中签字确认，一旦产生纠纷，在之后的股东资格确认纠纷中可以将其作为直接证据使用。

（3）要求显名股东将股权质押给隐名股东。显名股东可能会因为债务问题，其股权被冻结甚至被强制拍卖。为规避这种情况，可要求显名股东将股权质押给隐名股东。由于隐名股东具有优先权，即使将来股权被拍卖，其也是第一受偿人。

（4）高管控制法，即隐名股东直接承担总经理、财务总监、人事总监等职务，一方面可以知晓企业的重要经营情况，另一方面可以第一时间掌握显名股东的行为，在其经营行为不当时可以及时予以制止或第一时间介入，避免损失扩大。

1.3　常见的 18 个核心持股比例

股权的合理分配能充分吸引投资人，也能有效激励创始团队成员。但股权分配不当，不仅难以产生激励效果，还可能妨碍创始人对企业的管控。

股权分配合理与否，与持股比例是否科学有密切关系。创始人必须充分了解以下 18 个核心持股比例所代表的意义。

1.3.1　股东代表诉讼线——1%

1% 的股权看似很少，但也有其实际意义。股东掌握 1% 的股权，就获得代位诉讼权。当企业合法权益受到不法侵害，而企业未起诉时，股东即可以自身名义代表企业提起诉讼，同时要求董事会、监事会向法院提起诉讼。

股东代表诉讼线的成立条件如下。

（1）企业性质应为股份有限公司。

（2）只有有限责任公司股东以及在股份有限公司连续180日以上单独或合计持有公司1%以上股份的股东，才拥有股东代表诉讼资格。

《公司法》规定如下。

第一百四十八条　董事、高级管理人员不得有下列行为：

（一）挪用公司资金；

（二）将公司资金以其个人名义或以其他个人名义开立账户存储；

（三）违反公司章程的规定，未经股东会、股东大会或董事会同意，将公司资金借贷给他人或以公司财产为他人提供担保；

（四）违反公司章程的规定或未经股东会、股东大会同意，与本公司订立合同或进行交易；

（五）未经股东会或股东大会同意，利用职务便利为自己或他人谋取属于公司的商业机会，自营或为他人经营与所任职公司同类的业务；

（六）接受他人与公司交易的佣金归为己有；

（七）擅自披露公司秘密；

（八）违反对公司忠实义务的其他行为。

董事、高级管理人员违反前款规定所得的收入应当归公司所有。

第一百五十一条　董事、高级管理人员有本法第一百四十八条规定的情形的，有限责任公司的股东、股份有限公司连续一百八十日以上单独或合计持有公司百分之一以上股份的股东，可以书面请求监事会或不设监事会的有限责任公司的监事向人民法院提起诉讼；监事有本法第一百四十八条规定的情形的，前述股东可以书面请求董事会或不设董事会的有限责任公司的执行董事向人民法院提起诉讼。

1.3.2　大股东减持限制线——2%

大股东减持限制线的主要内容如下。

（1）上市企业内，大股东减持股份时，连续90天内减持的股份不得超过企业股份总数的2%。

（2）属于上市企业的科创企业，在实现盈利前，企业的控股股东、实际控制人自企业股票上市之日起的3个完整会计年度内，不得减持首发前股份；第4个、第5个会计年度内，每年减持的股份不得超过企业股份总数的2%。

《上海证券交易所上市公司股东及董事、监事、高级管理人员减持股份实施细则》规定如下。

第五条　大股东减持或者特定股东减持，采取大宗交易方式的，在任意连续90日内，减持股份的总数不得超过公司股份总数的2%。

《上海证券交易所科创板股票上市规则》规定如下。

2.4.3　公司上市时未盈利的，在公司实现盈利前，控股股东、实际控制人自公司股票上市之日起3个完整会计年度内，不得减持首发前股份；自公司股票上市之日起第4个会计年度和第5个会计年度内，每年减持的首发前股份不得超过公司股份总数的2%，并应当符合《减持细则》关于减持股份的相关规定。

公司上市时未盈利的，在公司实现盈利前，董事、监事、高级管理人员及核心技术人员自公司股票上市之日起3个完整会计年度内，不得减持首发前股份；在前述期间内离职的，应当继续遵守本款规定。

公司实现盈利后，前两款规定的股东可以自当年年度报告披露后次日起减持首发前股份，但应当遵守本节其他规定。

1.3.3　股东提案资格线——3%

《公司法》规定："单独或者合计持有公司百分之三以上股份的股东，可以在股东大会召开十日前提出临时提案并书面提交董事会。"因此，3%被视为股东提案资格线。

这一持股比例仅适用于股份有限公司。有限责任公司可通过章程自行约定相关比例。

1.3.4　重大股权变动警示线——5%

根据《中华人民共和国证券法》（以下简称《证券法》）的相关规定，在上市企业内，持有股份在 5% 及以上的股东，其股权发生变动时，需要对公众披露权益变动报告书。

《上市公司股东、董监高减持股份的若干规定》（中国证券监督管理委员会公告〔2017〕9 号）规定如下。

第二条　上市公司控股股东和持股 5% 以上股东（以下统称大股东）、董监高减持股份，以及股东减持其持有的公司首次公开发行前发行的股份、上市公司非公开发行的股份，适用本规定。

大股东减持其通过证券交易所集中竞价交易买入的上市公司股份，不适用本规定。

第六条　具有下列情形之一的，上市公司大股东不得减持股份：

（一）上市公司或者大股东因涉嫌证券期货违法犯罪，在被中国证监会立案调查或者被司法机关立案侦查期间，以及在行政处罚决定、刑事判决作出之后未满 6 个月的。

（二）大股东因违反证券交易所规则，被证券交易所公开谴责未满 3 个月的。

（三）中国证监会规定的其他情形。

第八条　上市公司大股东、董监高减持计划通过证券交易所集中竞价交易减持股份，应当在首次卖出的 15 个交易日前向证券交易所报告并预先披露减持计划，由证券交易所予以备案。

上市公司大股东、董监高减持计划的内容应当包括但不限于：拟减持股份的数量、来源、减持时间区间、方式、价格区间、减持原因。减持时间区间应当符合证券交易所的规定。

在预先披露的减持时间区间内，大股东、董监高应当按照证券交易所的规定披露减持进展情况。减持计划实施完毕后，大股东、董监高应当在两个交易日内向证券交易所报告，并予公告；在预先披露的减持时间区间内，未实施减持或者减持计划未实施完毕的，应当在减持时间区间届满后的两个交易日内向证券交易所报告，并予公告。

第九条　上市公司大股东在 3 个月内通过证券交易所集中竞价交易减持股份的总数，不得超过公司股份总数的 1%。

股东通过证券交易所集中竞价交易减持其持有的公司首次公开发行前发行的股份、上市公司非公开发行的股份，应当符合前款规定的比例限制。

股东持有上市公司非公开发行的股份，在股份限售期届满后 12 个月内通过集中竞价交易减持的数量，还应当符合证券交易所规定的比例限制。

适用前三款规定时，上市公司大股东与其一致行动人所持有的股份应当合并计算。

第十条　通过协议转让方式减持股份并导致股份出让方不再具有上市公司大股东身份的，股份出让方、受让方应当在减持后 6 个月内继续遵守本规定第八条、第九条第一款的规定。

股东通过协议转让方式减持其持有的公司首次公开发行前发行的股份、上市公司非公开发行的股份，股份出让方、受让方应当在减持后 6 个月内继续遵守本规定第九条第二款的规定。

第十一条　上市公司大股东通过大宗交易方式减持股份，或者股东通过大宗交易方式减持其持有的公司首次公开发行前发行的股份、上市公司非公开发行的股份，股份出让方、受让方应当遵守证券交易所关于减持数量、持有时间等规定。

适用前款规定时，上市公司大股东与其一致行动人所持有的股份应当合并计算。

第十二条　上市公司大股东的股权被质押的，该股东应当在该事实发生之日起 2 日内通知上市公司，并予公告。

中国证券登记结算公司应当统一制定上市公司大股东场内场外股权质押登记要素标准，并负责采集相关信息。证券交易所应当明确上市公司大股东办理股权质押登记、发生平仓风险、解除股权质押等信息披露内容。

因执行股权质押协议导致上市公司大股东股份被出售的，应当执行本规定。

5% 的重大股权变动警示线，意味着上市公司股东持股达到公司股份总数的 5% 时，应向社会公众全面披露信息。

在股份有限公司中，通过任何方式持有或共同持有 5% 及以上股权的股东，即可被认定为公司重要股东，能对公司治理产生一定影响。因此，股份有限公司如果希望引入战略投资者来积极参与企业管理，其所获得的股权比例必须不低于 5%。

《关于发布〈全国中小企业股份转让系统挂牌公司信息披露细则〉的公告》（股转系统公告〔2017〕664 号）规定如下。

第四十八条　挂牌公司出现以下情形之一的，应当自事实发生或董事会决议之日起及时披露：

…… ……

（四）任一股东所持挂牌公司 5% 以上的股份被质押、冻结、司法拍卖、托管、设定信托或被依法限制表决权。

《非上市公众公司收购管理办法》（证监会令第 102 号）规定如下。

第十三条　投资者及其一致行动人拥有权益的股份达到公众公司已发行股份的 10% 后，其拥有权益的股份占该公众公司已发行股份的比例每增加或减少 5%（即其拥有权益的股份每达到 5% 的整数倍时），应当依照前款规定进行披露。自该事实发生之日起至披露后 2 日内，不得再行买卖该公众公司的股票。

第二十二条　收购人自愿以要约方式收购公众公司股份的，其预定收购的股份比例不得低于该公众公司已发行股份的 5%。

1.3.5　股东大会召集线——10%

根据《公司法》，单独或合计持有 10% 以上股份的股东，有权提议召开股东会临时会议和董事会临时会议。特定情况下，他们还有权请求人民法院解散公司。

掌握 10% 股权的股东，能在企业治理方面做出特别行为。例如，该类股东能通过法律赋予的提议权召开股东会、董事会会议，有途径表达自己对特别事务的关注。由于股东会和董事会的意见，对企业经营管理具有关键性作用，因此掌握10%股权的股东召集特别会议进行讨论决策，能进一步参与企业治理。

《公司法》规定如下。

第三十九条　代表十分之一以上表决权的股东，三分之一以上的董事，监事会或者不设监事会的公司的监事提议召开临时会议的，应当召开临时会议。

第一百条　股东大会应当每年召开一次年会。有下列情形之一的，应当在两个月内召开临时股东大会：

（三）单独或者合计持有公司百分之十以上股份的股东请求时。

1.3.6　权益变动报告线——10%/20%

根据相关法规，当投资人增加其在上市公司的股份，达到或超过该公司发行股份的20%但未超过30%的，应按法规指定的样式，编制详式权益变动报告书。因此，20%的持股比例可以视为上市公司的权益变动报告线。

《上市公司收购管理办法》规定如下。

第十七条　投资者及其一致行动人拥有权益的股份达到或者超过一个上市公司已发行股份的20%但未超过30%的，应当编制详式权益变动报告书，除须披露前条规定的信息外，还应当披露以下内容：

（一）投资者及其一致行动人的控股股东、实际控制人及其股权控制关系结构图；

（二）取得相关股份的价格、所需资金额，或者其他支付安排；

（三）投资者、一致行动人及其控股股东、实际控制人所从事的业务与上市公司的业务是否存在同业竞争或者潜在的同业竞争，是否存在持续关联交易；存在同业竞争或者持续关联交易的，是否已做出相应的安排，确保投资者、一致行动人及其关联方与上市公司之间避免同业竞争以及保持上市公司的独立性；

（四）未来12个月内对上市公司资产、业务、人员、组织结构、公司章程等进行调整的后续计划；

（五）前 24 个月内投资者及其一致行动人与上市公司之间的重大交易；

（六）不存在本办法第六条规定的情形；

（七）能够按照本办法第五十条的规定提供相关文件。

新三板企业的权益变动报告线更低，投资人所持有股份达到公司股份总数的 10% 时，需履行报告和发布义务。

《非上市公众公司收购管理办法》（证监会令第 102 号）规定如下。

第十三条　有下列情形之一的，投资者及其一致行动人应当在该事实发生之日起 2 日内编制并披露权益变动报告书，报送全国股份转让系统，同时通知该公众公司；自该事实发生之日起至披露后 2 日内，不得再行买卖该公众公司的股票。

（一）通过全国股份转让系统的做市方式、竞价方式进行证券转让，投资者及其一致行动人拥有权益的股份达到公众公司已发行股份的 10%；

（二）通过协议方式，投资者及其一致行动人在公众公司中拥有权益的股份拟达到或者超过公众公司已发行股份的 10%。

第十六条　通过全国股份转让系统的证券转让，投资者及其一致行动人拥有权益的股份变动导致其成为公众公司第一大股东或者实际控制人，或者通过投资关系、协议转让、行政划转或者变更、执行法院裁定、继承、赠与、其他安排等方式拥有权益的股份变动导致其成为或拟成为公众公司第一大股东或者实际控制人且拥有权益的股份超过公众公司已发行股份 10% 的，应当在该事实发生之日起 2 日内编制收购报告书，连同财务顾问专业意见和律师出具的法律意见书一并披露，报送全国股份转让系统，同时通知该公众公司。

1.3.7　激励总量控制线——10%

相关法律法规要求，上市企业用于授予激励对象的股份激励总数，不得超过企业总股本的 10%。

对非上市企业，法律并未规定股权激励股份总数，企业可以根据自身需要，确定用于激励的股份总数。

1.3.8 股东重大影响线——20%和50%

有限责任形式的企业中，以持股比例20%和50%为界限，采取不同的投资会计核算方式。

（1）股东持股比例在20%以下或50%以上，应采用成本法进行核算，即按长期股权投资实际成本计价。

（2）股东持股比例在20%～50%（包括20%和50%），应采用权益法核算，即按长期股权投资在企业权益资本中所占比例计价。

之所以有上述区别，是因为20%的持股比例能用于判断股东是否在企业内具有重大影响。持股比例未达到20%，股东不被认为对企业具有重大影响，即采用成本法核算；持股比例超过20%，股东被认为对企业具有重大影响，应采用权益法核算。而持股比例超过50%，股东已经能控制企业，也应采用成本法核算。

1.3.9 科创板激励上限——20%

根据相关法律法规要求，科创板上市企业在有效期内的股权激励计划所涉及的标的股票总数，累计不得超过企业总股本的20%。

1.3.10 首发公众股线——25%

根据相关法律法规，我国股份公司制企业在申请公开上市时，其公开发行的股份要达到公司股份总数的25%以上。

1.3.11 收购要约线——30%

根据《证券法》《上市公司收购管理办法》等法律法规的规定，当投资者持有或共同持有一家上市企业已发行股份的30%时，如继续进行收购，应依法向该企业所有股东发出收购全部或部分股份的要约。要约应规定当被收购企业股东承诺出售的股份数额超过预定收购股份数额时，收购方需按比例进行收购。

30%的收购要约线，更多是站在上市企业公众股东利益角度设立的。当新投资者收购并持有超过该比例的股份后，将很可能成为企业的实际控制人。因此，在上市企业内，30% 的收购要约线也被看成实际控制线。

1.3.12 股东制造麻烦线——34%

《公司法》中，所有涉及有限责任企业、股份企业重大事项（如修改企业章程，增减注册资本，企业合并、分立、解散或变更企业形式）的决议，以及超过企业总资产 30% 的重大资产辩护的决议，都需经代表三分之二以上表决权的股东通过。这意味着，如果股东持有了三分之一以上的表决权，就能让上述决议无法通过。

因此，"三分之一以上"的股权控制线，就成为股东合法"制造麻烦"的门槛。通常情况下，习惯用 34% 来代表该比例，实践中，只要能体现三分之一以上的数字即可，例如 33.4%，甚至 33.334% 等。

《公司法》规定如下。

第四十三条 股东会会议作出修改公司章程、增加或者减少注册资本的决议，以及公司合并、分立、解散或者变更公司形式的决议，必须经代表三分之二以上表决权的股东通过。

1.3.13 控股线——51%

根据《公司法》，股份企业的股东大会作出普通决议（即除涉及修改企业章程，增减注册资本，企业的合并、分立、解散或者变更企业形式之外的决议），只需参加会议股东所持表决权过半数通过。

控股线意味着，只要股东持有超过 50% 的表决权，就基本掌握该企业的经营决策权，基本形成对企业的绝对控制。

《公司法》规定如下。

第二百一十六条 本法下列用语的含义：

（二）控股股东，是指其出资额占有限责任公司资本总额百分之五十以上或者其持有的股份占股份有限公司股本总额百分之五十以上的股东；出资额或者持有股份的比例虽然不足百分之五十，但依其出资额或者持有的股份所享有的表决权已足以对股东会、股东大会的决议产生重大影响的股东。

1.3.14 完美控制线——67%

即便股东掌握了企业超过 50% 的股份，也并非完美控制了企业。由于股东制造麻烦线的存在，如果有股东掌握三分之一以上的表决权，还是能对企业重大决议（如修改企业章程，注册资本增减，企业合并、分立、解散或变更企业形式等）制造负面影响。想要完美控制企业，大股东必须掌握三分之二以上的表决权。

人们习惯用 67% 来表示三分之二以上这一完美控制线。但事实上，只要是超过 66.6% 的百分比，都可达到这一效果。

《公司法》规定如下。

第四十三条　股东会会议作出修改公司章程、增加或者减少注册资本的决议，以及公司合并、分立、解散或者变更公司形式的决议，必须经代表三分之二以上表决权的股东通过。

第一百八十条　公司因下列原因解散：

（一）公司章程规定的营业期限届满或者公司章程规定的其他解散事由。

第一百八十一条　公司有本法第一百八十条第（一）项情形的，可以通过修改公司章程而存续。依照前款规定修改公司章程，有限责任公司须经持有三分之二以上表决权的股东通过，股份有限公司须经出席股东大会会议的股东所持表决权的三分之二以上通过。

案例　万科大战"野蛮人"

在电视剧中以下场景并不少见：某位大富豪私下收购公司的股票，再联合公司的小股东，在董事会上突然发难，以大股东的身份要求改选董事会，将原来的董事长赶下台。

那么这样的情况在现实生活中存在吗？小股东真的可以在二级市场大量买入

股票成为大股东吗？

类似情况在我国真的出现过，并引发了大众的广泛关注，这就是宝能系（指以宝能集团为中心的资本集团）对万科的股权收购事件。

宝能系与万科展开了一场生动的资本博弈大戏。

其实，宝能系是有备而来的。早在 2015 年 11 月 18 日，宝能系向万科发出权益变动通知时，其持股比例就已经达到 15.04%。后续宝能系更是通过一系列的大动作，一举成为万科的第一大股东。接下来以时间为脉络，简单梳理宝能系几次大的收购行动。

2015 年 7 月 11 日，宝能系的前海人寿第一次举牌，通过集中竞价买入万科 5% 的股份。当时万科披露的中间价为 14.375 元 / 股。此次前海人寿集中竞价买入股份，动用资金约 80 亿元。

2015 年 7 月 25 日，前海人寿第二次举牌，集中竞价买入万科 0.93% 的股份，动用资金约 15 亿元。

此后，钜盛华（宝能系企业，由姚振华间接控股 80%）通过集中竞价买入万科 0.26% 的股份，以收益互换的形式持有万科 3.81% 的股份。初步估算，其花费的资金约为 16 亿元。

2015 年 8 月 26 日，前海人寿再次举牌，竞价交易买入万科 0.73% 的股份，钜盛华利用杠杆工具买入万科 4.31% 的股份，耗资 22 亿元左右。钜盛华持续发力，继 2015 年 7 月买入万科 A 股股票 4.5 亿股后，在 8 月买入万科股票 4.76 亿股，在 10 月买入万科股票 3.3 亿股，在 11 月买入万科股票 6 499.69 万股。

不仅在 A 股市场，宝能系在港股市场也全面出击。港交所披露的公告显示，钜盛华在 2015 年 12 月 11 日以平均每股 19 港元的价格再一次增持 7 864.15 万股万科 H 股。

除了集中竞价交易，宝能系还通过资管计划买入万科股份。2015 年 11 月 27 日—12 月 3 日，南方资本管理有限公司分别买入了占万科总股本 3.94% 的股份。2015 年 12 月 3 日—12 月 4 日，泰信基金管理有限公司又买入万科 0.75% 的股份；

西部利得基金管理有限公司分别买入万科 0.28% 的股份。

至此，姚振华及其一致行动人共计持有万科 20.008% 的股份，一举超过华润成为万科第一大股东。

对于宝能系的大动作，万科的王石明确表示不欢迎，称其为"野蛮人"。在 2015 年 12 月 18 日，万科发布公告称因筹划重大资产重组和收购，公司的股票停牌。

这次事件中，深圳地铁、华润集团、恒大集团先后入场，舆论战、资本战等轮番上演，万科董事会暗流涌动，最终引得监管层出手。这次事件中，有几个重要的持股比例值得关注。

重大股权变动警示线——5%，一开始宝能系作为持有超过万科总股本 5% 以上股份的重要股东，其在发生权益变动时，需要对公众披露权益变动报告书。

权益变动报告线——20%，当宝能系增持万科的股份，达到或超过万科发行股份的 20% 但未超过 30% 时，应按法规指定的样式，编制详式权益变动报告书。

股东重大影响线——20%，当宝能系在万科的持股份额达到 20% 时，其能对万科施加重大影响，被认为是万科的重要股东。

收购要约线——30%，如果宝能系继续行动，持股达到万科总股本的 30% 时，有可能成为万科的实际控制人。此时，宝能系可依法向该企业所有股东发出收购全部或部分股份的要约。

第 2 章

股权架构设计与控制：股权架构合理，根基才牢固

　　"大众创业"的浪潮席卷而来，相对于传统企业粗放式的经营管理模式，现代企业对合股经营、股权架构的规划尤为看重。完整的股权架构能完善企业制度，促进企业发展，推动企业进步，不合理的股权架构会导致企业出现多头指挥、内耗严重、组织氛围差、业绩增长乏力等问题。甚至可以说，一切治理过程中出现的问题，都跟股权架构的设计有关。

2.1 股权架构为什么如此重要

合理的股权架构（也称股权结构）可以充分发挥个人与企业的积极性，因为股权架构除了会影响内部，还会影响外部。

想要发展壮大，大部分企业会选择整合外部资本，以加速企业的发展，而股权架构是决定企业发展速度的关键因素。

2.1.1 股权架构事关企业顶层设计

随着资本市场逐渐成熟，每个创业者都想通过合理的股权分配把企业做大做强。很多优秀的企业家利用股权杠杆撬动更大的市场，但也有很多企业因为股权架构设计不合理，在"分钱"和"分权"时经常出现冲突，顶层人员产生分歧，导致企业难以决策，发展停滞不前。

因此在设计股权架构时，必须重点关注顶层设计的合理性，尤其是以下几个方面。图 2.1-1 为顶层设计的 6 大关键要素。

图 2.1-1 顶层设计的 6 大关键要素

（1）企业控制权。股权架构需确保企业的日常经营管理事项掌握在创始人手上，并且随着企业的发展壮大，创始人也不会丧失对企业的控制权。

（2）股份的分配。股份的分配不仅要考虑投资人出资，也要考虑创始团队出人和资源方股东出资源。

（3）企业激励。企业激励分为内部激励和外部激励。内部激励要从股权架构上让投资人、管理团队上下一心，外部激励要通过股权架构让资源方股东把资源投入企业。

（4）规避连带责任。创业倘若失败，创始人不可避免会遭受许多损失，但可以通过股权架构来规避连带责任，保障自身利益。

（5）股东的稳定性。股东间的权利义务关系必须提前梳理好，并且在合伙协议中清楚约定。

（6）符合资本的诉求。想做大企业，需要引入投资人，因此必须通过股权顶层设计为未来的投资人预留股权空间，确保股权架构成为企业引资入市的加分项。

2.1.2　股权架构不明引发的纷争

创业者创业归根结底是为了获取利益。随着企业的发展，各个股东的贡献可能会产生变化。清晰的股权架构有助于企业根据股东贡献和企业发展状况，公平合理地分配股权，让所有股东达成共识，有利于企业长期稳定发展。

股权架构设计是一个动态的过程。清晰的股权架构，必须围绕创始人、合伙人、核心员工、投资人这四个维度，实现企业决策权、控制权、分红权的分离，从而发挥股权的杠杆作用，实现企业利益最大化。

为避免因股权架构不明而引起纷争，企业设计股权架构时，需明确以下4 点。

（1）创始人。创始人负责规划企业整体战略与发展方向，因此需保障创始人的控制权。

（2）合伙人。合伙人依协议享受权利，承担义务，是能为企业赋能的人。想要合伙人团结一心，应保证合伙人的经营权和话语权。

（3）核心员工。核心员工为企业提供专业技能或资源，对企业的生存和发展至关重要。在核心员工这个维度上，股权架构设计必须能激发其创造力，保证其分红权。

（4）投资人。投资人能提高企业资本运作效率，丰富企业资本运作的方法，极大地推动企业发展。因此企业在设计股权架构时要保证投资人的分红、退出等优先权，促进投资人进入企业。

2.1.3 股权架构是共同"分蛋糕"机制

股权架构的设计，是为了将创始人、合伙人、核心员工、投资人等利益主体绑定，增强各利益主体的积极性，让其充分发挥能力，为企业作出贡献、创造财富，形成共同发财机制。

合理的股权架构，能将股权这块"大蛋糕"细分到每个人，而不是将少数人的利益最大化。不同利益主体对企业的贡献不同，但只要作了贡献，都应获得应有的利益。倘若股权分配不均，直接的负面影响就是企业发展动力不足，产生内耗，继而使得发展陷入僵局。

为使股权架构能够让各大利益主体均受益，在进行股权架构设计时需注意以下要求。

（1）明确权、责、利。合理的股权架构能明确股东的权、责、利，将股东的权、责、利与其对企业的贡献对等起来，充分调动各股东的积极性，减少内部矛盾。

（2）合理的退出机制。为保证企业良性运转，规范管理秩序，股权架构应与合理的退出机制相辅相成。合理的进退规则能有效保证股权架构的稳定性。

（3）维护创始人控制权。企业发展的最终目标是引入资本，而资本进入会稀释股权，倘若股权架构不合理，创始人的控制权会大受影响，因此，合理的股权架构必须建立在保障各利益主体的利益的基础上。

（4）预留期权池。员工是企业发展的基础，核心员工更是企业的中流砥柱。

因此成熟的企业股权架构要有明显的梯次，预留员工利益，做好员工的长期激励准备，这样企业才能持续稳定发展。

案例　当当网的"庆俞年"

当当网大家都不陌生，这个本应充满书香之气的企业，却上演了"抢公章""撬保险柜""对簿公堂"的"庆俞年"大戏（"庆"为李国庆，"俞"为俞渝，二人皆是当当网创始人，且是夫妻关系）。

2020 年 4 月 26 日，李国庆带领 4 名工作人员闯入当当网的办公区，在保安阻拦不及的情况下，抢走当当网的十几枚财务章、公章，并留下事先写好的"收据"，在公司门口张贴了"告当当网全体员工书"。在告知书中，李国庆"控诉"俞渝在担任当当网执行董事和总经理期间，通过各种方式裁员，公司连续 5 年盈利却不给股东分红等。

2020 年 4 月 24 日，李国庆召开了当当网临时"股东会会议"，会议成立 5 人董事会并选举李国庆担任董事长，决议通过了新的公司章程。

对于李国庆的一系列操作，俞渝及当当网当时的管理层并不认可，并迅速发起了反击，双方利用社交平台隔空开战。俞渝声称，李国庆召开的临时股东会会议是无效和违法的，其修改公司章程因没有达到有表决权的三分之二以上公司股东通过，因此也是无效的。当当网还发表声明，被李国庆抢走的公章、财务章等即日作废，在印章失控期间所签署的合同、协议等，当当网将不予认可。而李国庆则坚持自己已经获得了众多小股东的支持，在持有股权方面"绝对超过 51%"，其表示下一步将进驻当当网，重新夺回对当当网的控制权。

李国庆与当当网之间的"口水战"背后是李国庆与其妻子俞渝对当当网的控制权之争。

早在 2018 年年底，当当网就曾谴责过李国庆在微博上的不当言论，紧接着在 2019 年 2 月，李国庆离开当当网开始新的创业项目。2019 年 10 月 23 日，涉及二人家庭生活和事业的微信截图在社交媒体上"疯传"，引发了舆论的轩然大波。最终证实，在 2019 年 7 月，李国庆就已经在北京向法院递交了离婚诉状。

曾经患难与共的创业夫妻如今反目成仇，根本原因还是在于争夺对当当网的控制权。

根据当当网法务部门在 2019 年 7 月披露的相关股权信息，北京当当科文电子商务有限公司工商登记的股权比例为：俞渝 64.20%，李国庆 27.51%，管理层 8.29%。另外，在控股公司的股权比例各方约定为：俞渝 52.23%，李国庆 22.38%，双方孩子 18.65%，管理层 6.74%。

如果李国庆与俞渝的离婚官司中，双方就当当网股权进行平分，双方的股权占比都能达到 45.855%，如果李国庆真能获得小股东的支持，其很可能达到 51% 的控股线。但事情又出现了变数，李国庆与俞渝代持了双方孩子的 18.65% 的股权，如果刨去该部分，双方平分股权后的比例仅为 37.305%，与 51% 的控股线相差甚远，双方孩子的 18.65% 的股权在此时就显得至关重要，他支持谁，谁就能获得当当网的控制权。

截至 2022 年 8 月，当当网的控制权之争也未落下帷幕，但这给创业者们敲响了警钟。

创始人在创业的过程中，必须未雨绸缪，设计好企业的股权架构，以保证自己对企业的控制权。如果要保证对企业的绝对控制，那么股权占比要达到 67% 以上，这种股权占比在现实中不多见，一般情况下，达到 51% 的控股线就能实现对企业的控制。所以，李国庆与俞渝"寸土不让"，为的就是让自己的股权占比尽量达到 51%。

在设计股权架构的时候，要充分考虑夫妻关系带来的影响。现实中，离婚带来的股权纠纷案例比比皆是。必要的时候，在合理维护夫妻双方权益的前提下，双方可以对企业的股权持有情况进行约定，避免以后可能产生的纠纷给企业经营带来障碍。

2.2 股权架构的类型与分配策略

创业的基础资源和合伙人性质不同，企业的股权架构类型也有很大的差异。作为企业治理结构的基础，合理的股权架构有助于企业将资本、技术、团队、渠道等资源整合起来，实现企业及股东共赢的局面。

各股东投入资源参与企业经营的最终目的是获利，因此股权分配策略是重中之重，它将直接影响各大利益主体的积极性，以及企业的整体发展潜力。

2.2.1 股权架构的类型

股权架构虽有多种类型，但其核心特点在于明确体现股东的权、责、利。设计合理的股权架构有利于企业融资上市，实现企业长久稳定发展。

创业者 A 和 B 合伙成立了一家公司，由于两人交情好，因此决定二人各占 50% 的股权并均享决定权。刚开始的时候，两人齐心协力，但随着企业业务增多，两人在多个项目的决策上起了争执。B 表示，如果否决自己的方案，公司就解散。在多次争吵后，企业发展陷入僵局。

出现类似无法决策的情况，其根源在于股权架构设计不合理。我们来看看常见的股权架构类型。

1. 一元股权架构

一元股权架构是指股权比例与投票权（表决权）、分红权一体化的架构。

图 2.2-1、图 2.2-2 和图 2.2-3 为一元股权架构的常见类型。

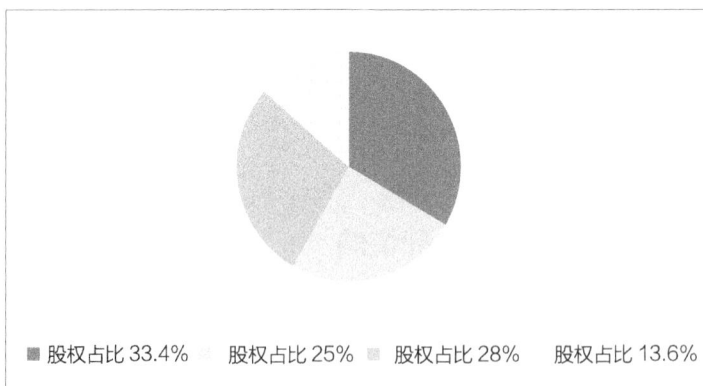

股权占比 33.4%　　股权占比 25%　　股权占比 28%　　股权占比 13.6%

图 2.2-1　一元股权架构的常见类型（1）

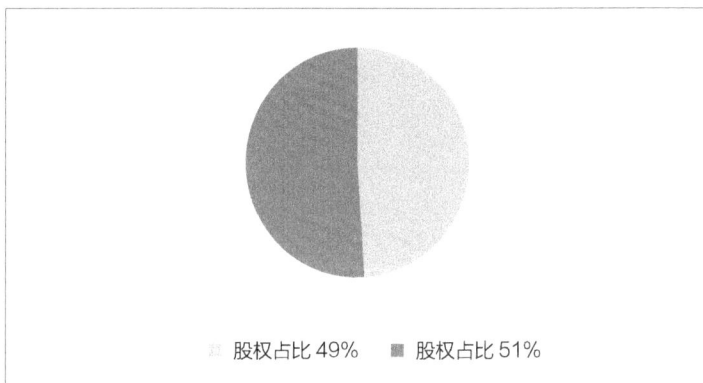

股权占比 49%　　股权占比 51%

图 2.2-2　一元股权架构的常见类型（2）

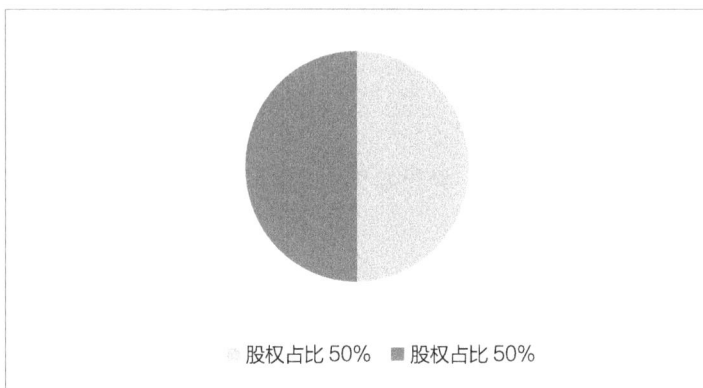

股权占比 50%　　股权占比 50%

图 2.2-3　一元股权架构的常见类型（3）

以上三种一元股权架构类型中，最易出现纠纷的是第三种类型，两位股东都对企业有表决权，这就意味着企业的任何决议都须双方同意才可执行。企业在设计股权架构时，应尽量避免这种情况。

2. 二元股权架构

二元股权架构是指股权比例与投票权（表决权）、分红权分离的股权架构，即股权比例与投票权（表决权）、分红权的比例不对等。在《公司法》中有明确规定，公司章程可以约定同股不同权。需要注意的是，在股份有限公司中，对不同类别的股东才能设计这样的股权架构，而同一类股东的权利是一致的。二元股权架构适合有多个联合创始人，且需将分红权给部分合伙人，决策权由创始人保留的企业。

二元股权架构能满足多数企业的基本需求，但企业在设计股权架构时，需重点关注以下问题。

（1）股权分配策略与利益结果是否合理，股东的股权比例与其贡献是否对等。

（2）当股权分配涉及企业章程的修改或协议的签订时，是否及时修改或签订。

（3）退出机制是否约定好。应避免出现合伙人退出企业却不愿企业回购股权的情况。

（4）是否约定好成熟机制的细则。

2.2.2　有限合伙的股权架构

有限合伙的股权架构能提升企业的筹资能力，让更多的投资者发挥优势互补的作用。这一架构中，股东并不直接持有核心企业的股权，而是通过有限合伙企业间接持有核心企业的股权。

图 2.2-4 为有限合伙的股权架构。

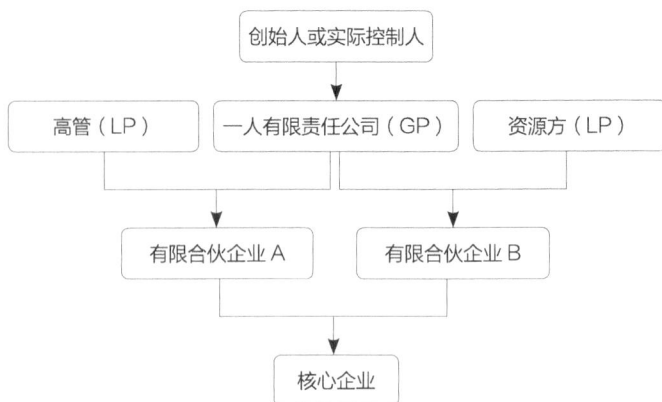

图 2.2-4　有限合伙的股权架构

有限合伙的股权架构中，普通合伙人（General Partner，GP）即使出资很少，也可以享有重要话语权，有限合伙人（Limited Partner，LP）虽然没有话语权，但未来可以享受收益和分红。其搭建步骤如下。

（1）创始人或实际控制人设立一人有限责任公司。

（2）一人有限责任公司作为 GP，高管和资源方作为 LP，分别成立有限合伙企业。

（3）有限合伙企业持股核心企业。

2.2.3　自然人直接持股的股权架构

自然人直接持股的股权架构的优点非常明显。其不仅搭建过程轻松，相比其他股权架构，这一股权架构中的股权转让、套现、纳税等步骤都非常明确，并能享受部分的优惠政策。

图 2.2-5 为自然人直接持股的股权架构。

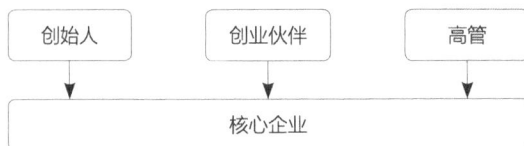

图 2.2-5　自然人直接持股的股权架构

2.2.4 混合股权架构

混合股权架构即企业内，既有企业法人做股东，也有有限合伙企业做股东，还有自然人做股东的股权架构。通常来说，这一股权架构存续时间长，发展势头好。获得过多轮投资的企业，基本上都采用混合股权架构。

图 2.2-6 为混合股权架构。

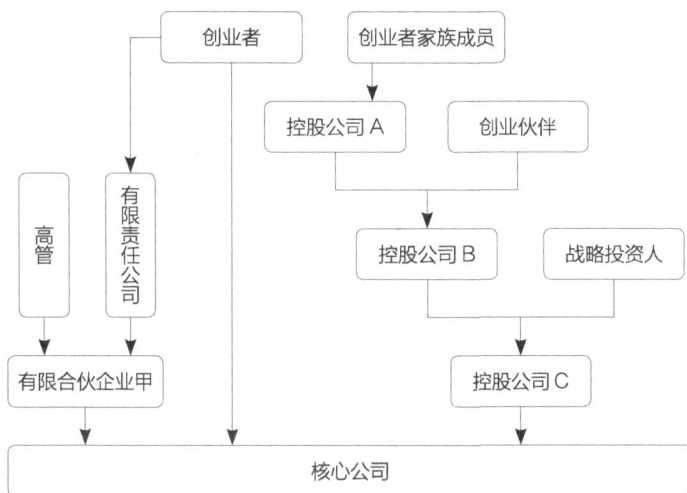

图 2.2-6　混合股权架构

对于创业者使用混合股权架构，有以下建议。

（1）创业者可以和家族成员一起成立一个控股公司，用控股公司来控制核心公司大部分的股份。

（2）为变现的需要，创业者个人或者家族成员可以利用自然人的身份少占一点控股公司 A 的股份。

（3）所有企业都离不开员工和资源方，创业者可以建立一个有限合伙企业，将核心员工和资源方纳入，从而有利于企业高效地调动各方资源。

2.2.5 控股公司股权架构

控股公司股权架构，主要是指创始人及其创业伙伴设立控股公司，再由控股公司控制旗下多个业务板块的股权架构。采用这种多层级、多链条的股权架构，创始人能够使用少量资金控制大量公司资产，以发挥股权的杠杆作用，链条越长，杠杆作用就越大。图 2.2-7 为控股公司股权架构。

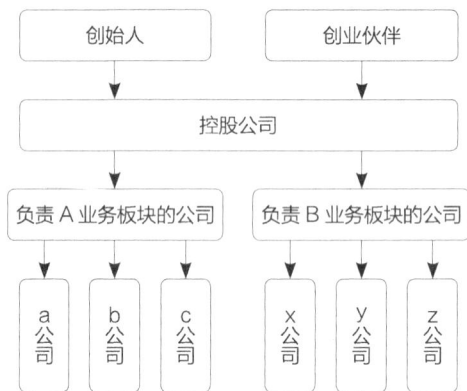

图 2.2-7　控股公司股权架构

控股公司股权架构的股权集中，即使企业需要增资或同比例转让股权，因股权稀释比例小，对控制权的影响也非常小。企业在进行信息决策时，无须集齐几十甚至几百人的股东，只需要控股股东通过决议并且公示即可。

2.2.6　如何制定合理的利润分配策略

合理的利润分配策略可以提升股东的积极性，有利于企业的健康发展。

李先生与王先生合伙成立了一家公司，双方约定李先生负责销售业务，王先生负责公司日常管理。一年后，公司在两人的齐心合作下走上正轨，这时李先生向王先生表示：公司的业务基本都是他谈成的，因此分红的时候应该多分一点。王先生不同意，双方不欢而散。

很多企业会出现类似情况，原因在于利润分配策略不明确。为了避免该问题，企业在成立时就应该约法三章，制定合理的利润分配策略，并写入企业章程。

《公司法》对企业章程进行了明确的规定，当股东分配股东利益时，需依据利润分配办法的要求。分配当年税后利润时如果企业有亏损，应先用当年利润弥补亏损，然后根据需要，提取利润的 10% 列入企业法定公积金。每年都要按此操作，企业法定公积金累计额超过企业注册资本 50% 的，可以不再提取。

上述利润分配策略适用于大多数企业。图 2.2-8 为合理的利润分配流程。

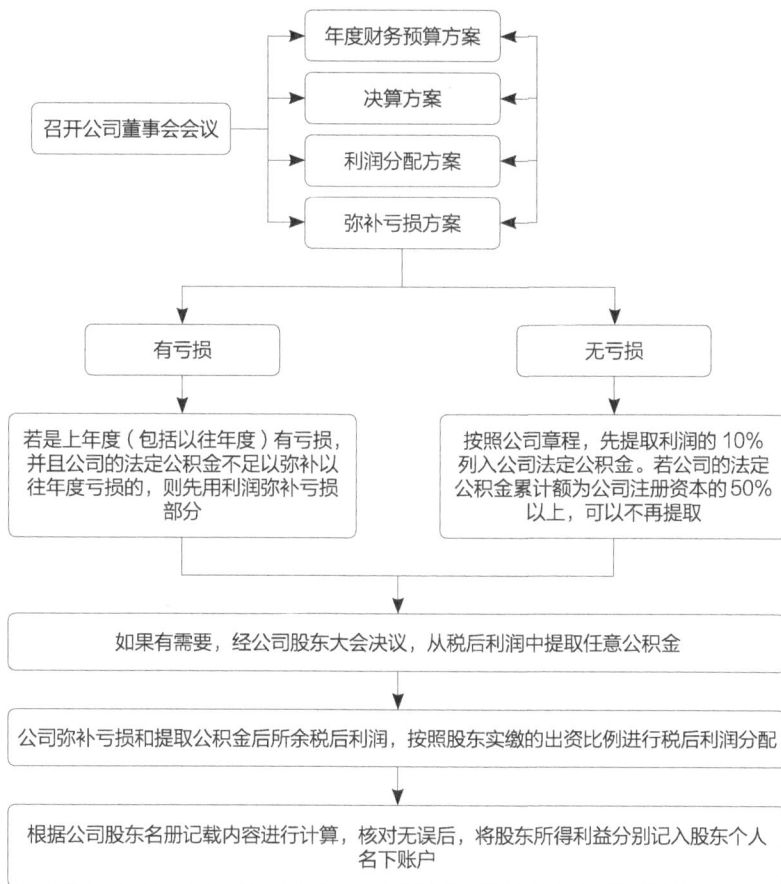

图 2.2-8　合理的利润分配流程

2.2.7　企业股权架构的几大实战模式

股权架构设计是一个动态的过程，其追求公平，并不意味着平均。随着企业发展壮大，个人贡献程度不一，此时只有通过调整股权架构，找到利益平衡点，才能发挥利益杠杆作用，实现企业利益最大化。

股权架构虽然不能完全体现企业的运营水平，但成熟的股权架构有许多亮点和优势。在企业实践中，股权架构逐渐衍生出了各种模式，其中最为突出的便是以下几大实战模式。

（1）发起人必须持股 52%。

（2）创始股东不能超过 7 个，数量以单数为主。

（3）战略股东最多持股 5%。

（4）资源股东最多持股 5%。

（5）团队的高管持股不能超过 10%。

（6）投资股东持股不超过 10%。

掌握企业控制权的方法之一就是掌握控股权，通过股权架构设计让创始人实现对企业的实际控制，再通过合理的股权分配让各大利益主体各司其职、各尽其能，最终得到应得的利益。

上述股权架构的实战模式充分考虑了发起人、创始股东、战略股东、资源股东、高管、投资股东的权、责、利，在保障股东利益的同时，让股东之间相互制衡。这样的股权架构设计，不仅有利于实现股东价值最大化，还能使企业在资本市场中更容易找到投资者。

2.2.8　股权架构的动态调整与模式

随着企业不断发展，不同合伙人对企业的贡献程度逐渐拉开距离。固定的股权架构容易造成合伙人的付出与收益不对等的情况，长此以往，合伙人积极性会大大降低，容易使企业发展陷入僵局。

A、B、C 三人合伙成立了一家企业，股权占比分别为 60%、30%、10%。由于初次创业，三人不了解股权架构，因此决定使用分红权与股权占比对等的方式，即一元股权架构。

随着企业的发展，合伙人 B、C 在当地有着丰富的资源，对企业做出了巨大贡献，但年底分红时依旧按照 30% 和 10% 的比例进行分红。合伙人 B、C 对此非常不满，协议按照贡献程度重新分配利润，但合伙人 A 掌握着企业绝对的控制权，坚持按照股权占比进行分红，于是三人不欢而散。

之所以出现这种情况，是因为企业在创业初期过早固定或切割股权。为避免出现这种僵局，企业需要根据发展状况，动态调整股权架构。

图 2.2-9 为股权架构动态调整 3 大要素。

图 2.2-9　股权架构动态调整 3 大要素

（1）股东贡献。股权分配和股权管理要始终以股东的贡献大小为依据，灵活匹配股东的权利和义务。如果股东在企业发展的不同阶段，贡献或者投入有增加，其股权就应当增多。股东分工负责的任务没有完成，或者出资不到位等其他情况出现的时候，其股权就应当减少。若出现某一股东没有投入而其他股东有投入的情况，那么这个股东的股权应该减少。

（2）退出机制。股东退出得越早，企业回购股权的价格越低。股东进入得越晚，企业的估值越高。若股东与企业的经营理念不合，或者故意损害企业的利益，企业应该以合理的方式收购其股权，及时对其进行汰换，以维护企业的经营持续性。

（3）进入机制。如果有发展理念一致的优秀合作对象加入，企业应该为其铺平进入的道路，授予其能体现贡献和价值的股权。

2.2.9　自媒体、新媒体企业的股权架构设计实战

大部分的自媒体、新媒体企业，都是从小团队甚至一个人开始发展的，即创始人拥有百分之百的股权，之后随着粉丝量和流量的逐渐增加，更多的合伙人加入，团队规模逐渐扩大。如果不做好股权架构设计，企业就会因为管理或者战略上的分歧而人心涣散。

自媒体、新媒体企业在创业时需注意以下两点。

1. 股权架构

针对此行业特点，企业中股权占比应主要由资金股和人力股的总和决定。

自媒体创始人 A 经过多年的运营，在某网站建立了自己的 IP，吸引了投资人 B 的投资。创始人 A 投资 30 万元负责运营，投资人 B 投资 70 万元不承担实际工作，股权架构为资金股占总股的 60%，人力股占总股的 40%。

那么创始人 A 的资金股占比为 30÷（30+70）×60%=18%，人力股占比为 100%×40%=40%，其股权占比为 18%+40%=58%。

投资人 B 的资金股占比为 70÷（30+70）×60%=42%，人力股占比为 0，其股权占比为 42%+0=42%。

这种股权架构不仅可以吸引投资人的加入，还可以保证创始人对企业拥有控制权，让彼此的利益最大化。

2. 权益保障

自媒体、新媒体企业在成立时，为了保障企业权益，还需解决以下问题。

（1）账号管理的问题。账号的主体究竟是个人还是企业？

（2）对自媒体打造出来的 IP 及由此产生的知识产权有没有做好保护？

（3）是否签订了股东合作协议、分红协议、退出机制协议、一致行动人协议，是否设立了保护创始人的章程等？

2.3　股权架构中的合伙人制度

合伙人的利益往往与大股东和其他创始股东、原始股东的利益紧紧捆绑在一起。通过合伙人制度，企业内的主人公意识得到真正落实，合伙人更容易与企业的目标达成一致，共同奋斗。

2.3.1　合伙人制度为什么如此重要

行业竞争加剧，合伙人制度被越来越多的企业重视。合伙人制度帮企业解决了钱和权的分配问题，能够做到把钱和权交给对的人，再为合适的人找到合适的位置。

合伙人制度之所以如此重要，是因为它在企业发展中能成功做到以下 3 点。

（1）共担。所谓共担，就是共担风险、共享利益、共担治理责任。常见的有雇佣关系转向合伙关系、契约关系，最后做到利益共享。

（2）能力互补。由于创始人个人能力有限，因此企业通过吸纳合伙人，可以弥补在资金、技术、市场、管理方面的不足。合伙人"合"的不仅仅是资金和技术等，真正的合伙人"合"的是心，只有合心，才能集百家之长，成一家之言。

（3）共同决策。由于目标统一，合伙人可以在创始人困难时全心全意出谋划策，与创始人共渡难关。

2.3.2　寻找合伙人的 5 个标准

个人无论能力多强，总有应付不了的时候。创业路上的合伙人不仅可以减轻创始人的压力，还能与创始人优势互补、共同发展。但是，无数不欢而散的案例告诉我们，没有选对合伙人，对企业的运营来说是致命的。

在寻找合伙人时，创始人应该遵循 5 个标准，如图 2.3-1 所示。

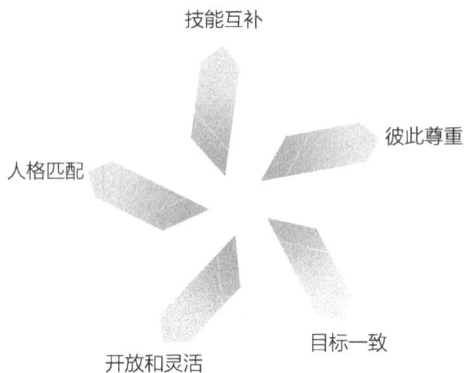

图 2.3-1　寻找合伙人的 5 个标准

（1）技能互补。寻找合伙人的意义在于技能互补，因此合伙人与创始人最好有不同的技能和经验，能适应不同的分工，在彼此不擅长的领域互相给予支持。

（2）彼此尊重。合伙人与创始人是命运相关的合作伙伴，因此合伙人与创始人需要彼此尊重。互相尊重，才能相融，否则，在创业路上很容易因为某些分歧而各奔东西。

（3）目标一致。目标一致才能让彼此团结在一起，并且不会产生无谓的内耗。创业之初，合伙人与创始人会面对很多危机和压力，但有了相同的目标，就能携手解决前进路上的各种问题。

（4）开放和灵活。创业路上出现矛盾不可避免，如果合伙人心胸狭隘，那么双方在沟通上必定如履薄冰，这对企业的经营是不利的。相比之下，与开放和灵活的人合伙，遇到问题彼此可以敞开心扉一起解决。

（5）人格匹配。与人格匹配的人合伙，不仅可以显著提高工作效率，日常的相处也能愉悦。

选择合伙人时，一定要格外谨慎。创始人应与合伙人相互尊重，相互支持，建立好的合作关系，共同为目标而努力。

2.3.3　企业股权架构设计中需要的 6 类合伙人

创业路上势单力薄很难走远，寻找合适的合伙人，对于创始人来说不仅可以实现资源互补，还能在决策时起到"1+1 > 2"的效果。

王先生和李先生合伙创业。王先生负责出资，李先生负责技术支持。由于产品知名度低，销售业绩一直不理想。但两人都坚信自己的产品前景广阔，为了打开市场，王先生白天拜访客户，晚上进行网络推广，李先生也不断迭代产品技术。在两人的通力合作下，一年后，企业步入正轨，成为当地小有名气的区域品牌，销售业绩也连创新高。

企业设计股权架构的目的是实现未来财富的合理分配，而合伙人制度的价值在于获取实际利益。在企业中，每个合伙人擅长的内容不同，其在企业发展的不同阶段，贡献也不同。为了实现企业目标，企业股权架构设计中需要以下 6 类合伙人。

（1）始终跟着团队一起成长的人。

（2）对团队的前景始终看好的人。

（3）在团队不断的探索中能找到自己位置的人。

（4）为了团队的新目标，不断学习新东西的人。

（5）抗压能力强、有耐心的人。

（6）与团队同心同德、不计较个人得失、顾全大局的人。

创业的道路注定充满艰辛，一个好的合伙人既能与创始人一起承担压力，也能一起分享荣誉。不管是在物质还是精神上，合伙人与创始人都应是彼此的好伙伴。

2.3.4　企业股权架构设计的策略与方法

合伙创业会遇到各种风险，其中团队风险较为常见。所谓团队风险，是指创始人、合伙人之间因为投入与产出不匹配而产生分歧，导致企业分崩离析的风险。合理的股权架构设计能大大减少这种情况的出现。企业设计合伙人股权架构时，应非常慎重，其中，重要的是以下3个方面。

（1）商业模式。合伙人之间的合作，看似是人的合作，但本质上是资源的合作。不同的人拥有不同的资源，如资金、技术、管理、运营等方面的资源，不同的商业模式则决定了不同资源的价值，而这正是股权架构设计的基础。

比如A企业是研发驱动型企业，那么研发的价值就大，相关股东的股份就应该多一点。

比如B企业是营销驱动型企业，那么销售的价值就大，相关股东的股份就应该多一点。

如果企业连商业模式都未能思考清楚就直接分配股权，很可能会导致资源和价值的错配，股东之间易发生矛盾和分歧。

（2）企业必须有主导者且其股份占比要过半。企业有掌握绝对控制权的领导，才能引导所有人同心同力。主导者不明确的企业是很难做大的，因此主导者的重要性不言而喻。"股份占比过半"则是为了保障主导者的决策权。为此，主导者既需要具备人格上的魅力，让大家信服他，也需要有制度上的保障，让决策有强制力。

（3）退出通道。创业之初，股东对即将遇到的困难和挫折无法完全准确预判，也不能设置好所有的处理预案，也许他们一开始做出的选择在当时看足够理性，但将来有可能发生无法预料的分歧。此时，退出通道就很重要。

A企业创立之初的商业模式是研发驱动型。随着项目成熟，其商业模式逐渐转变为营销驱动型，导致利益结构发生改变。A企业原本的股权架构驱动力弱，众人想调整，但是股东意见又不一致，于是股东分歧频繁出现，内部管理陷入危机。

如果没有合理的退出通道，股东之间很可能会为了各自的利益而产生矛盾，而股东之间的矛盾对企业的伤害往往是致命的。届时不但大家辛苦打拼的事业可能毁于一旦，而且各自的利益也很难得到保证。

相反，如果有合理的退出通道，让股东能够按照协议规定退出，企业就能够稳健地发展，企业和股东的利益损失就能降低。

2.3.5 如何动态调整合伙人的股权

合伙人在创业的不同阶段贡献程度是不同的。为保障所有合伙人的权益，对合伙人的股权需要进行动态调整，以保证合伙人的权、责、利对等。

合伙人的股权动态调整一般采取以下两种方式。

（1）预留股权。这种方式是在组建团队的时候就预留一定比例的股权，再根据项目发展或者合伙人的贡献程度用预留的股权进行分成。

例如，A、B、C 三个合伙人，在组建团队的时候，三人先分了 80% 的股权，预留的 20% 股权将根据三人的业绩进行分成。

（2）现有股权调整。这种方式是在股权完全分完以后，根据项目发展过程中合伙人的贡献程度，在现有股权的基础上进行调整，减少的股权根据其他股东的贡献进行分配。

比如 A、B、C 三个合伙人的股权比例分别为 70%、20%、10%，一年以后，大家发现 B 的贡献很小，C 的业绩连创新高，于是大家协议减少 B 的股权，并且相应增加 C 的股权。

基于合伙人贡献程度的股权动态调整机制，不仅可以使企业内部管理更加高效，还能充分激活合伙人的积极性，让其共同推动企业的创新与发展。在动态调整股权时，企业需重点设计股权增减的幅度与调整标准。

案例　阿里巴巴的合伙人制度

2019 年 9 月 10 日，马云正式卸任阿里巴巴董事局主席，但并不意味着放权，马云依然牢牢把持着对阿里巴巴的控制权。这得益于阿里巴巴的合伙人制度。

不同于传统意义上的合伙人制度和二元股权架构，阿里巴巴的合伙人制度有其独到之处。这种独到的制度设计保证了阿里巴巴的稳定运行。根据阿里巴巴创办的地点——湖畔花园，马云将阿里巴巴的合伙人称为"湖畔合伙人"。

阿里巴巴成立于 1999 年，阿里巴巴的合伙人制度在 2010 年的时候才正式在内部施行。阿里巴巴在成立之后，经历了多轮融资，大量资本的涌入势必削弱创始团队对企业的控制权。为了保证对企业的控制权，马云推出了合伙人制度，将企业的核心权力集中在三十几个人的小团队（合伙人会议）手中。

阿里巴巴的合伙人不同于股东，虽然成为湖畔合伙人必须拥有阿里巴巴一定的股份，但合伙人在退休或者离开阿里巴巴后，必须不再担任合伙人（永久合伙人除外，马云和蔡崇信是阿里巴巴的永久合伙人）。而股东只要持有企业股份就能一直保持股东身份。所以阿里巴巴的合伙人只是用了合伙人的名称，实质上与合伙人完全不同。

湖畔合伙人拥有的权利包括奖金分配权和董事提名权，其中最核心、最具有威力的就是董事提名权，这是马云控制阿里巴巴的法宝。根据阿里巴巴在招股说明书中对董事提名权的描述，湖畔合伙人拥有半数以上董事的排他提名权。提名的董事需要股东大会投票过半数同意才能生效，但是如果湖畔合伙人提名的董事未获通过，或者已经任命的现任董事离职，湖畔合伙人有权指定临时董事直到来年的股东大会会议召开。从这样的制度设计上来说，不论股东大会是否通过湖畔合伙人的董事提名，湖畔合伙人都能让"自己人"成为董事，行使董事权利。从实践中看，湖畔合伙人也的确依靠这项制度控制了董事局半数以上的董事。阿里巴巴的董事会一共有 11 个席位，湖畔合伙人最多可以提名 6 个董事，所以阿里巴巴的控制权被马云牢牢掌握在手中。

董事会是负责企业运营管理的机构，控制了董事会也就控制了企业的运营权。但阿里巴巴的这种制度设计，也成了其未能在港股上市的原因之一（港交所现在已经修改了相关的规则）。

通过上述介绍，可知阿里巴巴的合伙人并不对企业债务承担无限连带责任，反而对企业拥有很多的人事权利。那么如何才能成为阿里巴巴的合伙人呢？公开资料显示，成为阿里巴巴的合伙人，需要满足以下条件。

（1）在阿里巴巴任职超过 5 年。

（2）高度认同阿里巴巴的企业价值观，愿意为企业的愿景贡献力量。

（3）由在任的合伙人向合伙人委员会提名，由合伙人委员会决定是否同意其参加选举。

（4）合伙人一人一票，四分之三以上的合伙人同意之后，方可成为新的合伙人（合伙人的选举、罢免与董事会、股东大会职权无关）。

由此看来，阿里巴巴的合伙人选择范围非常有限，基本上合伙人只能在公司的高管中产生（目前，阿里巴巴要求合伙人在合伙期间必须持有一定的公司股份）。在未来，阿里巴巴表示将接纳更多志同道合的人成为合伙人，如重要客户、商业伙伴等。

湖畔合伙人的退出机制，有退休退出（如前 CEO 陆兆禧，前副总裁金建杭等人）、除名退出等。

阿里巴巴的合伙人与我们所熟知的合伙人有着本质上的区别，也可以说阿里巴巴的"合伙"并不是法律意义上的合伙。但实践是检验真理的唯一标准，阿里巴巴合伙人制度取得的巨大成功，证明了其合理性和生命力。另外，从阿里巴巴的合伙人制度中，我们也能学到在合伙人选择、合伙人退出机制设计上的诸多智慧。

首先，合伙人必须与企业有共同的发展愿景。合伙人就像一股绳，只有拧在一起才能发挥合力，而共同的愿景就是将合伙人拧在一起的力量。合伙创办企业注重"人"的作用，所以在选择合伙人的时候，除了资源、经验、能力等因素，更要考察有关人员是否认同企业文化、企业发展目标，愿不愿意为企业的长远愿景服务。

其次，合伙人一定要占有企业股份。企业应给予合伙人一定的股份，让其与企业成为利益共同体，使其能够自觉为企业的利益奋斗。另外，股东财产权益带来的高额回报也能激发合伙人的积极性。

最后，企业一定要制定相应的罢免、退出机制。

阿里巴巴用合伙人制度向世人说明了，即便不控股也能实现对企业的控制。其实企业的管理问题，本质上是分配问题，只要分配问题解决了，企业的大部分问题就会迎刃而解。股权的架构设计，敢分权需要格局，会分权则需要智慧。

2.4　股权架构设计的 5 大原则

创业之初，创业者选择的合伙人，往往是身边的同学、朋友、同事。碍于关系和感情，双方在利益方面总是羞于启齿，没有好好协商。但随着企业发展，在分配利益的时候，合伙人们又很容易出现分歧。这种情况其实就是股权架构设计不合理导致的。

股权架构是企业稳固的根基。为实现长远发展，企业在设计股权架构时，要遵循 5 大原则，如图 2.4-1 所示。

权益保障　　　　凝聚人心　　　　预见未来　　　　动态调整　　　　合作共享

图 2.4-1　股权架构设计的 5 大原则

2.4.1　权益保障

如果合伙人的基本权益得不到保障，再好的股权架构设计也是没有意义的。

创始人大谈战略规划或企业管理，而权益保障却没有落到实处，这样的股权架构没有说服力，也留不住人才。如果连合伙人的基本权益都保障不了，企业谈何发展。可以说，没有权益，就没有效益。

合理的股权架构设计应明确合伙人的权、责、利，让每个人发挥自己的优势，通过创造力和想象力为企业发展助力。

2.4.2　凝聚人心

人才是企业发展的核心竞争力。企业参与市场竞争，其实质不是产品的竞争，而是人才的竞争。许多企业都会通过利益分红、技能参股的方式留住人才，凝聚人心。但如果股权架构设计不合理，员工缺乏归属感，企业不仅吸引不了人才，反而会一直流失人才。这会导致企业不得不一直招聘、培训，最终由于缺乏成熟人才，发展停滞不前，难以为继。

团队的凝聚力是无形的精神能量，当员工形成对企业的认同感和归属感，其工作效率就会大幅提高。在企业遇到困难的时候，他们会成为最坚强的后盾，万众一心，各尽所能，帮助企业渡过难关。

2.4.3　预见未来

企业想长远发展，股权架构设计一定要有前瞻性。如果企业想要进入资本市场，不管是新三板，还是 IPO，相关监管机构都会重点考察企业股权架构是否清晰稳定。

创业路上，企业面临着诸多挑战，而设计适合企业自身发展需求的股权架构，不仅能有效规避很多资金、法律、人员风险，还能帮助企业更好地面对各种问题。

2.4.4　动态调整

企业发展过程中，机遇与挑战并存，合理的股权架构需要与股东的贡献直接挂钩，大股东在企业不同发展阶段的贡献程度是难以预料的，这就需要企业对股权架构进行调整，或者预留股权来适应项目的变化。

如果股权架构一成不变，最初就锁定了股权分红方案，会导致对企业有重大贡献的人员无法获得对等利益，而对企业没有贡献的人反而坐享其成。长此以往，相关人员会缺乏前进动力，其积极性和创造性会大打折扣，这不利于企业的长期发展。

2.4.5　合作共享

股权架构应充分调动相关人员的积极性，而不是与传统的雇佣制理念共存。企业想要谋求更大的突破，需要从改变员工的"打工者心态"开始，实现从"雇佣制"到"合伙人制"的蜕变。

企业通过合理的股权分配，给员工权利、责任、利益，激发员工的积极性、执行力、协作性，使其获得"主人翁感"并与企业共进退，以参与分享企业的胜利成果。这样的合作关系中，企业与员工实现了共赢，企业自然可以走得更远。

2.5　股权架构设计不得不防的几大风险

合理的股权架构能支撑企业稳定长久发展。合伙人意见统一，有利于企业蒸蒸日上，但当彼此意见难以统一的时候，又会危及企业的正常经营。为了保障企业的正常运营与合伙人的利益，在设计股权架构时理应考虑可能出现的风险。

2.5.1　如何防止股东 / 合伙人翻脸

企业在发展的过程中，股东 / 合伙人难免会因为意见不合而产生分歧，最终各行其道，导致企业分崩离析。那么，如何防止股东 / 合伙人翻脸呢?

当出现股东意见不一致的情况时，根据《公司法》规定，当事人可以要求对方召开股东会会议，让对方与自己重新达成一致，协商解决问题。

此时，如果对方没有任何表示，当事人可以选择解散公司。

作为企业的核心管理机构，股东会、董事会在企业日常的管理和运营中发挥着重要作用。如果股东会、董事会无法正常发挥作用，企业应当被认定为运营严重困难，也就是大家常说的"僵局"。

当僵局发生时，根据《公司法》第一百八十二条的规定，持有公司全部股东表决权超过 10% 的股东，有权提出解散诉讼。如果反对方虽然身为股东但因意见矛盾而连续三年没有召开股东会会议，导致企业没有股东会作为决策依据，监事机构和执行机构无法正常运行时，即便企业未出现亏损，但已无法正常运行，股东投资的目的就无法达到，股东利益受损，且已经三年没有分红，符合解散条件。

需要特别指出的是，"企业经营管理发生严重困难"侧重于内部管理机制的破坏，如股东机制失灵，企业无法正常决策等，而不是由于缺乏资金而难以为继等情形。

2.5.2　未成年人是否可以成为股东

在很多人眼中，股东是企业的掌管者之一，拥有管控企业的权利。因此，股东为了更有力地掌控企业，便开始争夺股权。更为奇怪的是，一些企业还有未成年人担任股东的现象。

根据我国法律法规，未成年人是否可以担任股东？

李先生夫妻和王先生合伙成立了一家公司，在三人的努力下，公司效益越来越好。两年后，李先生夫妻因为性格不合准备离婚。

由于公司发展正处在上升期，李先生及其妻子都想争取股权，谁都不肯让步。后来经过朋友的劝和，两人一致同意将双方名下所有的股权都转让给他们 10 岁的儿子。为此，他们与王先生进行商讨，王先生也同意了这一请求。那么，李先生的儿子还未成年，可否将股权转让给他呢？这种操作是否符合相关法律规定呢？

实际情况是，李先生及其妻子可以将股权转让给他们的儿子，公司顺利完成了工商变更。

其实对这种情况，《中华人民共和国民法典》（以下简称《民法典》）里有明确的规定："自然人的民事权利能力一律平等。"而且我国《公司法》对股东的年龄没有限制。因此李先生及其妻子将股权转让给其儿子的操作合法合规。

李先生的儿子成为股东后，享受的权利和承担的义务与成年人是相同的，这是因为市场经济中，一切自然人进入交易市场的机会和资格是平等的。

需要特别指出的是，由于李先生的儿子还未成年，属于限制民事行为能力人，需要由李先生或其妻子作为法定监护人代为行使股东权利，具体由谁作为监护人，以离婚协议为准。

当然，未成年人虽然可以成为股东，但是不能作为发起人股东。这是因为发起人股东需要在企业未成立时承担法律赔偿责任，而未成年人不具备赔偿主体资格。

2.5.3 公司控股股东制作"假账"怎么办

大多数企业为了统一目标、方便管理，其中小股东并不直接参与企业的经营管理。这种所有权与控制权分离的制度，会导致中小股东无法及时了解企业经营状况，在信息上处于不对称的弱势地位。

我国《公司法》明确规定，中小股东可行使知情权获取财务信息，进而对控股股东进行监督。但是，如果企业出现控股股东制作"假账"的情况，中小股东想要查阅账户时，该如何合理有效地进行？

李先生与赵先生、王先生合伙成立了一家有限责任公司，由于占股有限，其他两人没有明确的职务，也没有参与公司管理。李先生是公司的控股股东，负责公司日常的经营管理。

公司经营两年后，赵先生、王先生发现公司因欠债被十几家公司起诉。他们觉得其中肯定有什么隐情，于是第一时间联系李先生查阅公司账目。但李先生一口回绝，并表示：公司经营正常，大家没有必要操心。

赵先生和王先生还是觉得不放心，决定前往财务部查阅账目，但遭到工作人员拒绝。于是赵先生和王先生非常疑惑，小股东就没有权利查阅公司财务账目吗？

知情权是股东享有的对企业经营管理等重要情况或信息真实了解和掌握的权利，其中一项重要内容就是通过查阅账簿了解企业财务状况。

结合本案例来看，赵先生和王先生只有通过查阅公司原始凭证才能了解公司真正的运营状况，因此他们有权查阅。

知情权能保障股东对公司事务知晓的权利，从而更全面地保障企业和股东的利益。对于大部分中小股东来说，只有将原始凭证及记账凭证纳入查阅的范围，才能对公司的运营情况、财务状况有清晰的了解，才能避免出现控股股东制作"假账"而损害其他股东利益的事件。

股东在行使知情权时需要遵循法定程序，在查阅账簿前，必须先向公司递交书面请求，而且必须有合法目的，并向公司说明其目的。

股东为了有效保护自身的知情权，应制定具体的查账方法。图 2.5-1 为有效保护自身知情权的方法。

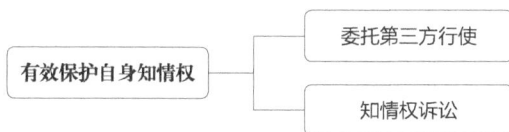

图 2.5-1　有效保护自身知情权的方法

（1）委托第三方行使。中小股东可以委托专业的第三方机构查阅公司账簿，如果发现控股股东提供的信息不实，可以要求其提供真实材料。

（2）知情权诉讼。中小股东可以通过知情权诉讼，撤销股东会决议，或者要求公司进行分红。对于中小股东的利益，知情权诉讼是非常有力的保护手段。同时，知情权诉讼还能增强中小股东与大股东议价的能力，影响控股股东。

2.5.4 大股东恶意控制公司，拒绝分红怎么办

企业利润分配不合理，甚至不分配利润，将会打击投资者对资本增长的积极性。然而，利用信息不对称，大股东违反同股同权，恶意损害小股东分红权的现象屡见不鲜。这严重损害了中小股东的利益。

李先生和其他股东共同出资 1 000 万元成立了一家高科技有限公司。其中李先生出资 200 万元，占股 20%；公司的法定代表人是王先生，占股 55%。

公司业务增长迅速，但连续两年都没有分红。李先生通过朋友了解到公司一直都在盈利，于是李先生要求王先生召开股东会会议，讨论利润的分配，但王先生百般推诿，李先生也束手无策。

针对这种情况，李先生履行了出资义务，享有分红的权利，因此可以要求王先生召开讨论利润分配的股东会会议，如果对结果不服，可以起诉至法院。

正常情况下，法院不能介入企业自治，但出现企业长期不召开股东会会议，或股东恶意做空公司等危害中小股东利益的情形，法院就可以介入。

对类似大股东恶意控制企业，长期不分红的现象，中小股东可以采取以下措施。

（1）召开股东会临时会议。股权占比超过 10% 的股东，可以直接通知其他股东参加股东会会议。在股东会会议中，如果半数以上股东同意，企业可以直接进行分红。

（2）收回股权。如果企业连续五年盈利却一直没有分配利润，股东可强制要求企业回购股权。

（3）清算。如果股东会意见长期无法达成一致，导致企业无法正常管理运行的，股东可以向法院申请对企业进行清算。

2.5.5 签订干股协议，如何分红

干股作为企业股权激励的常用方式，不仅可以降低企业风险，对于企业吸引

和留住人才也十分有效。

干股不牵涉企业的控制权，但干股股东享有分红权。干股协议经常作为人力资源激励手段，是一种很特别的股权模式。表 2.5-1 为常见的干股类型及对比。

表 2.5-1　常见的干股类型及对比

干股类型	内容
资源干股	企业或股东赠与某些拥有资源的人士的股份
管理干股	企业或股东赠与高管或者员工的股份
技术干股	企业或股东赠与企业技术人员的股份

根据分配时间，干股又分为设立时干股和设立后干股。

无论哪一种干股，都是股东内部的约定，属于企业自治的范畴，在法律上具有天然的风险性。因此建议干股股东应当与企业第一时间签订干股协议，明确权利和义务，这样一旦发生争议，可以第一时间维护自己的合法权益。

干股是当事人在资源、技术、管理能力等方面与干股股东达成合作的谈判成果。从预判角度来看，企业想要长远发展，这几个因素缺一不可。因此签订干股协议后，如果双方没有违反法律规定，也未损害他人的利益，双方应按照规定履行义务。

2.5.6　企业股东引发的 7 大风险及应对措施

一个企业的成功，离不开各个股东的倾力配合。个人的资源毕竟有限，股东投入资源可以加速企业的发展，但众口难调，股东经常会有自己的想法，如果相应的矛盾解决得不妥当，将会导致企业风险爆发。

表 2.5-2 为常见的易引发企业风险的问题。

表 2.5-2　常见的易引发企业风险的问题

问题	内容
企业结构不合理	控制人独断专行，没有科学决策与良性的运行机制，股东会、董事会、监事会形同虚设
内部机制设计不科学	权责分配不当、职能交叉、机构重叠，内部运行效率低下

续表

问题	内容
未能按照规范召开股东会会议	控股股东一人独大，中小股东由于信息不对称，无法行使相应权利
公私不分	资产、财务、人员划分不清晰；个人资产、家族资产、企业资产你中有我，我中有你
缺乏独立董事	董事会及其审计委员会没有适当数量的独立董事，或独立董事没有发挥相应作用
监事会运行不规范	监事会没有发挥监督作用，监事无法实际独立
权利约束不足	对管理层的权利缺乏有效的监督和约束，很多时候管理层都是一个人说了算

想要解决这几个问题，可以从以下几个方面入手。

（1）合理设置企业内部职能机构，明确各项职能划分，形成各司其职、各负其责、相互协调、相互制约、相互监督的工作机制。

（2）根据企业需要设计战略、审计、薪酬及考核等专门的委员会，明确其职责及工作程序。

（3）按现代企业的制度要求，梳理企业现有的治理机构及内部设置。

（4）定期对组织架构运行的效率和效果进行评估，并不断优化。

2.6 股权架构设计的退出机制

创业初期，所有股东都满腔热情，为今后的利益分配考虑，大家可能会过于重视股权分配而容易忽视退出机制。如果股东不能为企业创造价值，却继续持有企业的股份，就会违背股权激励的目的，同时也会影响其他股东的利益。

2.6.1 退出机制的重要性

两个人或者多个人合伙创业，多数合伙人都是朋友或者熟人。在合作初期，大家很难发现对方的不足，但随着时间的推移，一些合伙人可能跟不上企业和团队的发展节奏，或者对企业毫无贡献。此时，退出机制就派上用场了。

　　李先生与其他合伙人成立了一家企业，李先生为法定代表人并且持有 60% 的股份。成立一年后，企业效益非常好，估值达到 2 亿元。但在这时候，出于身体原因，持股 10% 的合伙人王先生提出离职。李先生要求收回其股权，但王先生以企业没有这个规定为由，拒绝转让股权，李先生对此束手无策。

　　正如案例所示，企业成立时没有设计退出机制，当合伙人要退出的时候就会出现一系列问题。

　　（1）长期持续出力。创业企业在发展的过程中需要所有合伙人共同努力，股权的分配比例是和合伙人的贡献程度正相关的，如果合伙人在持股后，没有任何贡献，坐享其成，会打击其他合伙人的积极性。

　　（2）需要给新合伙人预留股权空间。如果企业没有退出机制，原来的合伙人退出，新的合伙人进入后，将没有股权可分，这会难以调动新合伙人的积极性，导致其权、责、利不对等，与股权架构设计的原则相悖。

　　（3）对接资本的需求。如果股权架构设计不合理，资本无法在流动中升值，将会导致投资者血本无归。相反，顺畅的退出机制可以保证资本的良性循环，吸引大量社会资本投入企业。

2.6.2　退出机制设计的思路

　　退出机制一般应在企业章程中约定。如果在设计股权架构时，没有约定好退出机制，一旦出现合伙人退出的情况，企业很难回购股权，此时便很容易产生纠纷。

　　为了避免合伙人因股权问题影响企业正常经营，在设计退出机制时，需要遵循以下 3 个思路。

1. 提前约定退出机制

　　合伙人在进入企业前就约定好退出机制，其中主要是约定合伙人在某一阶段退出企业后，要退回的股权和退回形式。

合伙人通过持续长期服务于企业，以获取股权价值，而为保障其他合伙人的权益和企业持续稳定发展，当合伙人退出后，其所持的股权应该按照约定的形式退回。

2. 回购股权的计算

合伙人退出时，股权的计算有多种方式，企业可以根据实际情况进行约定。

常见计算方式有以下 4 种。

（1）按照出资额一定比例的溢价计算。

（2）以企业净资产为基础，参照股权比例，确定回购价格。

（3）参考企业净利润进行计算。

（4）参考市场估值进行计算。

3. 兑现股权的方法

兑现股权时，如果采取一次性给付方式，容易对企业现金流造成影响。兑现股权通常有以下 4 个方法。

（1）平均法。提前约定好兑现期限，如果合伙人中途退出，后面的股权将不再兑现。

A 企业股权兑现期限是 4 年，则每年兑现 25%，如果合伙人中途退出则不再兑现。

（2）先高后低法。这种方法主要是为了防止短期投机行为。

雷军在成立小米时，采用的便是这种方法。在股东任职的前两年只兑现股权的50%，剩下的 50% 在接下来的任期平均兑换。

（3）"欲扬先抑"法。采用逐年递增的方式兑现股权，这种方法主要是为了留住人才。

A 公司按照第一年累计兑现 10%、第二年累计兑现 30%、第三年累计兑现 60%、第四年累计兑现 100% 的方式兑现股权。

（4）"天女散花"法。这是比较平均的兑现方法，对于企业来说，可以减少资金压力。

A 公司兑现股权，第一年兑现 20%，其余的 80% 在往后 3 年里每月兑现。

2.6.3　如何设计退出机制

企业发展过程中，由于意见或规划不同，合伙人或股东之间难免产生摩擦，这会给企业带来不利影响。为保障每一位合伙人或股东的权益，企业应设计合理的退出机制，维护企业健康有序发展。

在设计退出机制时，为保证尽善尽美，企业可以重点参考以下方法。

（1）提前设定退出机制。提前设定好退出机制，明确规定合伙人或股东在不同阶段退出时，要退回的股权和退回形式。股权架构的设计是跟合伙人或股东的贡献程度直接挂钩的。当合伙人或股东退出时，其所持股权需要按照规定退回。这不仅能保障其他合伙人或股东的权益，还有利于企业的长期发展。

（2）股权溢价收购。对于合伙人或股东中途退出，其股权收购的形式也得提前约定。回购的价格既可以按照企业估值计算，也可以考虑适当的溢价计算。

（3）设定违约条款。为防止合伙人或股东退出公司但不退回股权的情况发生，可以在股东协议中设定高额违约金条款。

第 3 章

股权转让与运营：控制得当，事半功倍

　　企业运营成功，创始人却被踢出局，类似案例比比皆是。创业初期，企业引进投资以加速发展壮大，但投资往往需要用股权交换。设每轮投资，投资人能拿到企业 20% 的股权，经过四轮投资，投资人就能拿到企业 50% 以上的股权。如果此时投资人与创始人（股东）的企业经营理念发生冲突，投资人即可行使股东权利，召开股东大会会议，甚至将创始人踢出管理层。

　　股权，往往代表着股东在企业的话语权。股东合理转让和运营股权，既可以维护自身权益，也有利于企业的长远稳定发展。

3.1 如何设置股东与出资

企业意志需要通过股东会形成，而股东会则由股东组成，股东根据出资确定股权份额，依据企业章程和法律规定行使股东权利。因此，股东的设置对企业的发展影响重大。

3.1.1 股东数量如何确定

王先生看好广告业发展的商机，于是想联合两个同学创办一个广告公司。但这两个同学认为自己对创办企业缺乏经验，应该拉更多资金雄厚和有专业技术的人入股。于是，企业股东达到了十几人，光是办理企业的工商登记就花费了快一个月时间。在企业的经营过程中，十几个股东各有各的想法，股东会很难形成决议。随后，陆陆续续有股东退出，企业的股东稳定为五个人，企业的经营才慢慢走上正轨。

这个案例，说明了确定股东数量的意义。

（1）股东数量并非越多越好。企业在设立时，股东数量不宜过多，中小企业应控制在三五个。股东数量少，有利于简化注册程序。另一方面，股东数量减少也意味着企业股权架构的简化，有利于快速形成经营决策和后续其他投资者进入，且加强股东对企业的控制。

（2）一个人能否注册公司？根据我国法律规定，一个自然人也能注册公司，即一人有限责任公司。表 3.1-1 为一人有限责任公司与其他有限责任公司的区别。

表 3.1-1　一人有限责任公司与其他有限责任公司的区别

项目	一人有限责任公司	其他有限责任公司
股东人数	有且只有一个股东（自然人或者法人）；一个自然人只能设立一个一人有限责任公司	股东为 1 人以上 50 人以下
责任承担	股东不能证明公司财产独立于自己财产的，对公司债务承担连带责任	股东以出资额为限承担有限责任
机构设置	不设股东会	设股东会或股东大会
财务报告	每一会计年度终了时编制，并经会计师事务所审计	依法编制财务会计报告，财务会计报告不必须经会计师事务所审计

由表 3.1-1 可知，一人有限责任公司与其他有限责任公司在责任承担和机构设置等方面有明显差异。设立何种形式的企业，股东应当根据自身需求进行选择。

（3）股东数量确定的原则。企业一般兼具资合性和人合性，股东之间和衷共济、和谐与共的关系对企业发展至关重要。如何确定股东的数量？主要应以适宜性为原则。股东的数量不宜过多也不宜过少，多了不利于企业经营的稳定开展，少了就不能集合更多的社会资源壮大企业。

3.1.2　股东类型如何确定

依照股东身份、持股比例、取得股权时间、登记情况等，股东可分为个人股东与机构股东、控股股东与非控股股东、创始股东与一般股东、隐名股东与显名股东等。

（1）个人股东与机构股东。以自然人身份成为股东的称为个人股东，机构股东的出资主体是法人和其他组织。

企业（法人）可以通过出资成为另一企业的股东。现实中，很多企业通过这种方式实现对子公司的控制。此外，各种类型的全民所有制或集体所有制企业、非营利性社会团体等组织也可以依法成为企业股东。

（2）控股股东与非控股股东。二者根据股东持股比例能否达到控制企业重大决策事项的程度来区分。控股股东又可分为绝对控股股东和相对控股股东。

（3）创始股东与一般股东。创始股东在企业创立之初就拥有股份，是企业的创始人。一般股东大多是后续加入企业的。

（4）隐名股东与显名股东。我们在第 1 章第 1 小节中详细讲述过，此处不再赘述。

3.1.3　资本确定原则

资本确定原则，又称为资本法定原则，是指企业设立时必须在章程中对注册资本的数额进行明确，并由企业股东全部认缴的原则。

（1）资本确定的目的。资本确定，是为保证企业注册资本的真实性，保障企业债权人和交易相对人的交易安全。

以非一人有限责任公司为例，股东以出资额为限对外承担有限责任，如果注册资本没有在公司章程中确定，股东出资额也就无法确定，其有限责任也就无从谈起，有限责任公司也就失去了存在的基础。

（2）资本确定原则下的认缴登记制。历史上，我国曾实行企业注册资本实缴登记制。2014 年开始施行的认缴登记制取消了相关限制，由股东在企业章程中自行约定出资额、出资方式、出资期限等。

企业注册资本认缴登记制的实行，是为了在企业设立的时候少占用企业资金，提高资金的运作效率，减少企业登记的行政审批程序和审批成本，提高全民创业热情。但不少人对认缴登记制存在认识误区，认为既然是认缴，就应将注册资本定得越高越好，将认缴时间定得越长越好。

企业股东需要避免以下误区。

误区 1：认缴 = 只认不缴。

实际上，达到认缴期限时，股东应足额缴纳认缴的出资额。虽然公司股东认缴出资理论上不受时间的限制，但认缴期限的设定应当在合理范围内，以提升公司的公信力，使交易相对方产生信任。

误区 2：认缴 = 认缴得越多越好。

为使人相信公司资本雄厚，认缴的金额是不是越多越好？答案是否定的。

认缴登记制只是延后了缴纳出资额的时间，注册资本过高也会给股东带来较大的风险。

比如，某公司的股东 A 财力有限，但在设立公司时，他将认缴的出资额定为 500 万元，认缴期限为 50 年。A 认为，这 500 万元要 50 年以后才缴纳，根本不会产生风险。岂料，天有不测风云，公司经营产生了重大亏损。从法律上看，A 有可能因被公司债权人要求加速缴纳 500 万元的出资额而背负巨额债务。

3.2　股权持有与代持的运营策略

隐名股东可能出于某种原因，需要找到代持其股份的显名股东，代表其在企业中行使股东权利。这就需要良好的运营策略。

3.2.1　隐名股东的风险问题

隐名股东的身份能否得到法律承认？隐名股东的股东权利能否得到保障？

事实上，从我国的法律规定到司法实践，对隐名股东的身份都是承认的。《公司法司法解释三》第二十四条将隐名股东表述为"实际出资人"，实际出资人与名义出资人（即显名股东）签订的股权代持协议，只要没有法律规定的无效情形，都会受到法律认可。

然而，股权代持对内涉及公司、股东之间的复杂关系，对外涉及公司债权人，很容易产生以下风险问题。

（1）显名股东失控的风险。多数情况下，隐名股东都会找信任者担任显名股东，让其代行股东权利。这种关系很大程度上是在道德约束下形成的信任关系，但在面临巨大股权财产利益诱惑的时候，很容易产生显名股东失控的风险，侵害隐名股东的权益。例如，显名股东向隐名股东隐瞒股权收益、显名股东违背隐名股东的意愿决定公司事项、显名股东擅自处置实际属于隐名股东的股权等。

（2）隐名股东身份转化难的风险。隐名股东可以享有投资权益，但隐名股东想要走到"台前"，将自己的身份"转正"可不是那么容易的。如果隐名股东想要公司变更股东、签发出资证明书，想要被记载于股东名册、记载于公司章程，并办理公司登记，必须经过公司半数以上其他股东同意。

（3）对外承担责任不明的风险。显名股东登记于公司登记机关，并具公示效力，据此，第三人有理由相信登记在显名股东名下的股权就是其财产。当显名股东个人对外负有债务的时候，其名下任何财产都有可能被法院强制执行。此时，隐名股东以双方之间的股权代持关系来阻却该强制执行，其结果在司法实践中并不统一，而且举证责任在于隐名股东，具有较大的法律风险。

为防止纠纷，保障隐名股东的合法权益，隐名股东应当与显名股东签署完善的股权代持协议，对双方的权利义务作出明确规定。

3.2.2　股权代持协议的签署与风险控制

股权代持协议是确定隐名股东与显名股东之间权利义务关系的基础性文件。为防止纠纷，股权代持协议应为书面形式，并经公证为宜。

（1）股权代持协议的基本内容。股权代持协议的签署主体为隐名股东与显名股东，双方属于民事合同关系。协议的主要内容为约定由隐名股东作为实际出资人向公司出资并享受投资权益，显名股东作为名义股东，代替隐名股东见诸公司登记机关、股东名册和公司章程。

股权代持协议可以约定其他内容。例如，显名股东如何代替隐名股东参与公司的决策经营、双方的违约责任等。股权代持协议也可约定代持"报酬"，但不得违反民事法律关于合同效力的强制性规定。

（2）股权代持协议的风险控制。对于显名股东失控等系列风险，股权代持协议应从形式和内容上做好防范。表 3.2-1 为股权代持协议的风险及其控制措施。

表 3.2-1　股权代持协议的风险及其控制措施

风险	风险控制措施
显名股东或者其继承人、债权人可能否认双方股权代持关系的存在	签订书面股权代持协议并经公证机关公证
显名股东可能违背隐名股东的意愿，擅自决定企业的事务	通过协议约定将一些股东权利的行使（如参与股东会）不可撤销地委托给隐名股东或隐名股东指定的其他人
其他股东不承认隐名股东，在隐名股东"转正"的时候要求行使优先购买权	将股权代持关系提前向其他股东披露，有可能的情况下，争取其他股东提前签署放弃优先购买权的声明
股权可能被显名股东的债权人强制执行	提前办理股权质押，将登记在显名股东名下的股权质押给隐名股东
隐名股东对企业的经营状况和股东的行为失去知情权和控制权	采用高管控制法，隐名股东安排企业的经理、财务等人员，便于隐名股东及时掌握企业的经营状态，在发生不利情形的时候及时介入

股东可提前做好股权代持协议相关的风险控制措施，尽量避免由于协议约定不明、风控不到位带来的后续争议。

3.2.3　如何合理化股权持有状况

股权持有状况直接关系企业和股东的切身利益，合理化股权持有状况，有利于企业的稳健发展，有利于股东投资权益的维护。

判断股权持有状况是否合理，主要有以下标准。

（1）控制得当。企业既要避免大股东"一家独大"，又要避免股权过于分散。

"一家独大"意味着大股东在企业中拥有绝对的话语权，可完全按照自己的意志决定企业的重大事项。在此情形下，很可能产生大股东为自身利益损害中小股东权益的风险。

企业股权过于分散则可能会"公说公有理，婆说婆有理"，企业的经营决策难以统一，容易在股东会召集等程序性事项上耗费大量成本。

股权相对集中，既可避免绝对控股带来的风险，又可简化企业决策过程。

（2）结构优化。企业成立时，股东不应太多，以避免注册时繁杂的审批程序，便于后续引进投资。企业还可适当引进法人股东、机构股东、基金股东等，既能壮大资本实力，也能引进先进的管理经验，提高治理水平，促进资源有效利用。

（3）权责分明。为尊重企业的"人合性"原则，股东间应培养互相信任的合作关系。隐名股东应向其他股东披露其股权代持的信息，这样既能取得企业其他股东的理解和支持，又能有效维护自己的权益，避免发生纷争而给企业经营带来负面影响。

3.3　股权转让与退出的运营策略

企业股东可将股权依法转让，这能及时让股东投资权益变现，也能促使企业去旧引新，使资金良性运转，提升经营治理水平。

股权的转让与退出必然引起企业内部股东权利义务关系的变更与重塑，需要依法依章程办理。

A 作为某家企业的股东，对企业发展定位与其他股东的理念不一致，于是想退出经营，将股权转让给他人。但企业的其他股东不接受新的投资人，又不收购 A 在企业的股权，A 应该怎么办？

本节将提出有效策略，解决类似的实际运营问题。

3.3.1　股东转让股权的《公司法》规定

股东转让股权，既可以在企业内部开展，也能向外部投资人转让。法律对于有限责任公司和股份有限公司的股权转让，也有不同规定。

（1）股东之间的股权转让。有限责任公司股东间可以相互转让其全部或者部分股权。这是因为企业股东基于某种共同受益的关系而连接，相互间自由转让股权并未影响这样的"人合性"。

（2）向股东以外的人转让股权。向股东以外的人转让股权，可能会破坏企业的"人合性"基础，因此，企业股东对外转让股权，需经其他股东过半数同意。需要注意，这里的"过半数"，是指股东人数过半数，而不是表决权过半数。

此外，股东还应以书面形式将股权转让的事项通知其他股东。其他股东在接到通知书三十日内应做出同意与否的答复，未答复的视为同意。不同意的股东应购买被转让的股权，不同意又不购买的则视为同意。如企业章程另有约定的，从其约定。

（3）特别规定。

优先购买权。当人民法院强制执行某股东的股权时，应通知其余股东和企业。其余股东在同等条件下有优先购买权，其余股东在接到通知后二十日内不行使优先购买权的视为放弃。

继受股权。自然人股东死亡，企业章程又无特别约定的，自然人股东的合法继承人可以继承股东身份。

股份有限公司的股东持有的股权可以依法转让，但要在依法设立的证券交易场所进行或者按国家规定的其他方式进行。无记名股票自交付后即发生转让的效力。记名股票以背书或法律法规规定的其他方式转让。

3.3.2 股东转让股权的内部约定

股权是股东的财产性权益，股东有权通过转让的方式依法对其自由处置。另外，《公司法》第七十一条规定"公司章程对股权转让另有规定的，从其规定"，企业股东可以就股权转让事项，在章程中作限制性规定。

（1）内部约定的必要性。稳定的股权架构、股东关系是企业成立和运行的基础，为此，股东应通过章程来对股权转让作出限制性的规定。反之，如果不对股权转让作出限制性规定，企业的外部人员可以随意通过受让股权的方式，影响企业运营管理，导致新旧股东在管理理念上的偏差凸显，进而影响股东关系，阻碍企业长远发展。

（2）章程效力分析。企业章程对股权转让作出限制性规定，属于企业自治的范畴。此外，对章程的限制效力，还应从章程制定的程序加以分析。

如果是企业成立时的初始章程对股权转让作出限制性规定，即可认为该初始章程是经过全体股东协商一致达成的合意。

如果初始章程无相关的限制性规定，后续通过股东大会决议修改企业章程的形式，将限制性规定补充进企业章程，此时，受该限制性规定影响的股东，应获得相应的补偿。

3.3.3　股权退出机制与法律规定

股东"出清"企业股权退出经营，既可以通过股权转让的主动退出方式，也可能因为解散、破产等而被动退出。

1. 主动退出

股东主动退出包括股权转让等方式。股东可以向企业的其他股东转让部分或者全部股权，属于"内部转让"；股东还可以依法依章程向企业股东之外的其他投资人转让股权，视为"外部转让"。

无论是内部转让，还是外部转让，都是股东股权退出的主动意思表示。

2. 被动退出

股东被动退出股权，大都并非基于自己的初始意愿，而是由于出现了法定或者约定的事由，股东为维护自己利益的最大化，不得不退出股权。

（1）企业解散。企业一经解散，所有股东自然也就退出。常见情形如通过股东会或者股东大会决议解散、因合并或者分立需要解散企业、因章程规定的解散事由出现而解散等。

此外，持有企业全部股东表决权百分之十以上的股东，认为企业经营出现了严重困难，持续存续会使股东利益遭受重大损失，而通过其他途径又无法解决的，也能向人民法院申请解散企业。

（2）破产清算。企业经破产清算后，企业法人资格不复存在，企业股东自然全部退出。

（3）企业回购。《公司法》第七十四条规定了异议股东的回购请求权。根据该法条，当企业出现法定情形时，异议股东可请求企业以合理价格收购其股权。企业回购了股东的股权后，异议股东退出企业。

此外，当企业减资的时候，企业实际上是以通过减少注册资本的方式购买股东的股权，实现股东退出。图 3.3-1 为股权退出的途径。

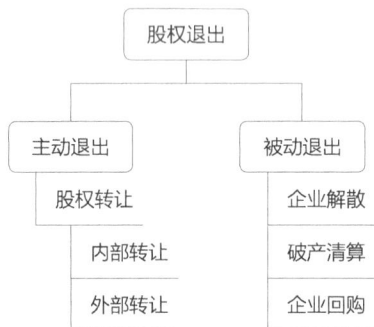

图 3.3-1　股权退出的途径

股东通过不同的途径退出企业股权，均会失去股东身份，不再享有股东的权益。

3.4　股东会与董事会

股东会、股东大会（在未指明公司形式的情况下，统称股东会）是企业的权力机构，有权依法决定企业的各项重大事项。董事会、监事会由股东会选举产生，并对股东会负责，依法行使职权。

3.4.1　股东会的职责与运作机制

企业股东会由全体股东组成，是企业在法律意义上的最高决策机构。有限责任公司的股东较少，所以称为股东会；股份有限公司的股东人数较多，所以称为股东大会。

1. 股东会主要职责

股东会主要职责如下。

（1）决定权。企业的经营方针和投资计划应由股东会决定。在多数情况下，企业的所有权与经营权是一体的，即由股东代表组成企业的董事会和管理层，这样将有利于股东对企业经营发展理念的实施。

（2）选举权。股东会会议召开需履行法定程序，会耗费较多时间成本，因此，董事会或者董事在企业的日常经营中具有很重要的作用。监事会主要负责监察企业的财务运行状况和高级管理人员的履职情况等，也是企业很重要的职能部门。董事、监事的选举和更换关乎企业的发展，该职权由股东会行使。

（3）审议批准权。股东会审议批准董事会、监事会或者监事报告，并审议批准企业年度财务预、决算方案、企业利润分配和弥补亏损方案。上述内容涉及企业运作的重要方面和股东重大利益，应由全体股东审议决定。

（4）决议权。股东会对企业注册资本的增资、减资，对发行企业债券，对企业合并、分立、结案、清算或者变更形式等重大事项作出决议。这些方面关乎企业生死存亡，只能由股东会作出决议。

（5）章程修改权。章程是企业的"宪法"，是企业运行的主要依据，修改章程是对股东权利义务关系进行调整，涉及企业和股东的根本利益。因此，哪怕是企业章程中再细微的更改，也应由股东会决定。

（6）其他职权。除法定职权外，企业可根据经营需要，通过企业章程赋予股东会其他职权。比如，企业章程可以规定企业满 50 万元的经营决策必须经股东会讨论决定。

2. 股东会会议召开机制

股东会会议的召开和决议，需要履行一定的召开程序和表决程序。

（1）召开频率。关于定期会议，有限责任公司根据公司章程的规定按时召开，股份有限公司应每年召开一次。

关于临时会议，有限责任公司代表十分之一以上表决权的股东、三分之一以上的董事、监事会或不设监事会的公司的监事提议召开的，应当召开。股份有限公司面临以下状况时，应在两个月内召开股东大会临时会议：董事人数不足法定或章程规定人数的三分之二时；公司未弥补的亏损达实收股本总额的三分之一时；单独或合计占百分之十以上股份的股东请求时；董事会认为必要或监事会提议召开时；公司章程规定的其他情形。

（2）召开通知。有限责任公司召开股东会会议，应当于会议召开十五日前通知全体股东，公司章程对该日期可另行约定。

股份有限公司召开股东大会会议的，于会议召开二十日前通知各股东；召开股东大会临时会议的，应当提前十五日通知各股东；发行无记名股票的，应当提前三十日公告。

3.4.2 董事会/执行董事的职责与运作机制

股东会选举产生的董事组成董事会。董事会推选执行董事，执行董事负责执行股东会的决议，是公司治理的主要力量。

1. 董事会和执行董事的职责

董事会和执行董事负有以下职责。

（1）自主决定事项。自主决定事项主要包括负责召集股东会会议并报告工作；执行股东会的决议；公司内部管理机构的设置；决定聘任或者解聘公司经理及其报酬事项，并根据经理的提名决定聘任或者解聘公司副经理、财务负责人及其报酬事项；制定公司基本管理制度。

上述事项在没有章程特别约定的情形下，可以由董事会或执行董事根据法律规定来行使职权。

（2）经由股东会审议后决定的事项。董事会或执行董事，可以根据法律规定行使以下职权：决定企业的经营计划和投资方案；制定企业的年度预、决算方案；制定企业的利润分配方案和亏损弥补方案；制定企业债券发行及注册资本增、减资的方案；制定企业合并、分立、解散或变更形式的方案。

以上事项，是由董事会或执行董事根据股东会职权或决议做出具体的执行方案，经股东会审议通过，方能落地执行。

2. 董事会和执行董事的运行机制

董事是由股东会选举出来的，通过召开和参加董事会会议履行自己的职责。

（1）召集程序。董事会会议由董事长召集和主持，董事长不能履职或者不履职的，由副董事长履职；副董事长不能履职或不履职的，由半数以上董事共同推举一名董事履行职务。

有限责任公司应根据股东会决议和公司章程的规定，确定董事会会议召开的时间和通知流程。

股份有限公司每年度至少要召开两次董事会会议，半数以上的董事出席方可举行。

年度定期会议应于会议召开十日前通知全体董事和监事。代表十分之一以上表决权的股东、三分之一以上董事或者监事会，可以提议召开董事会临时会议，董事会临时会议的通知方式和通知时限可以另行确定。

（2）表决程序。董事会采取"一人一票"的表决方式，每位董事拥有一票表决权，而非通过持股比例或者表决权比例来决定票数。有限责任公司的董事会决议通过方式由公司章程决定，股份有限公司必须经全体董事的过半数通过才能形成董事会决议。

董事会应对所议事项和所做决定形成会议记录，由出席会议的董事签名存档备查。

3.4.3 监事会的职责与运作机制

监事会是公司的专门监督机关，代表股东行使监督职权，以防止董事会、高级管理人员等滥用职权给公司及股东的利益造成损害而设置的。

在股东人数较少或者规模较小的有限责任公司，可以不设监事会，只设一至二名监事。监事会应包括股东代表和不低于三分之一比例的职工代表。

股东担任的监事由股东会选举产生或更换，职工担任的监事由职工民主选举产生或更换。

1. 监事会的职责

监事会主要职责如下。

（1）监事会的职权主要包括：检查公司财务；监督董事、高级管理人员的履职行为，在其违反法律法规、公司章程、股东会决议时提出罢免建议，在董事、高级管理人员的行为损害公司利益时，要求其纠正等。

此外，监事会还可以提议召开股东会临时会议，或在董事不履职时负责召集和主持股东会会议并提出提案等。

（2）监事会的责任。监事执行公司职务时违反法律法规或者公司章程的规定，给公司造成损失的，应当承担赔偿责任。股东会要求监事列席会议的，监事应列席并接受股东的质询。

2. 监事会运行机制

监事会的主要运行机制如下。

（1）召集程序。在有限责任公司每年度至少召开一次监事会会议，股份有限公司每六个月至少召开一次监事会会议。经监事提议，可以召开监事会临时会议。

监事会会议由监事会主席召集和主持；监事会主席不能履职或不履职的，由半数以上监事共同推举一名监事召集和主持监事会会议。

（2）表决程序。监事会的议事方式和表决程序，除《公司法》有规定的外，由公司章程自主规定。监事会表决事项实行"一人一票"，即每个监事拥有一票表决权，监事会形成的决议应当经半数以上监事通过。

监事会应就所议事项的决定形成会议记录，出席会议的监事应当在会议记录上签名。

案例　股东会与董事会权利之争

近年来，部分企业的股东会与董事会之间频繁发生权利冲突，不仅给企业信誉造成恶劣影响，也不利于企业可持续发展。

2020 年，A 公司被曝出在股东会会议召开前夕众多股东情绪失控，在狭小的会议室内进行激烈的争吵，原定的股东会会议也未能如期举行，引发民众热议。

A 公司是宁波一家有名的道路客运公司，且属于宁波服务业百强企业，在当地民众心中有不低的地位。然而 2020 年 3 月的这场闹剧，却使其口碑大幅度下跌。而这场闹剧发生的原因，在于公司股东之间权利的冲突。

通俗而言，股东分为大股东和小股东，小股东依法享有和履行《公司法》和其他相关法律法规规定的权利和义务，包括参与公司事务的权利。大股东则不仅可以参与公司事务，甚至可以决定事务决策的结果和公司发展的走向，对公司有决定性的影响。

而 A 公司本次召开股东会会议，主要目的是进行董事会和监事会成员的换届选举。其中，董事会参加选举的成员包括上一届董事会董事长张某和副董事长董某，以及 A 公司的总经理崔某某和副总经理吴某，可见竞争十分激烈。

相对于小公司股东会的股东形式表决权而言，大公司股东人数过多，派系林立，使得投票过程十分难把控。为了解决股东投票问题，在《全国中小企业股份转让系统挂牌公司股票终止挂牌实施细则》中明确提出要求，即"挂牌公司股东大会可通过网络投票等方式，为股东参与审议、表决股票终止挂牌事项提供便利"。在《全国中小企业股份转让系统挂牌公司治理规则》中也积极倡导股东超过 200 人的公司为股东提供网络投票的方式。

A 公司是一家拥有超过 2 000 名股东的大公司，自然选择了成本低、效率高的网络投票方式，来决定本次股东会会议上关于董事会成员选举的决议。

在众多股东情绪失控的情况下，股东会会议参会股东不欢而散，未完成董事会选举的董事会董事长张某只能带领原来董事会的成员紧急召开了董事会会议，决定终止本次股东会会议。

与此同时，参会股东在这次股东会会议上给了董事会成员一个下马威后，又将矛头指向了总经理崔某某，A 公司股东会和董事会之间又开始了新一轮的冲突。

2021 年 5 月，A 公司大部分股东联合部分董事召开董事会会议，决议罢免崔某某总经理职务，引发崔某某和其他董事强烈不满。

那么，董事会是否可以无理由罢免总经理的职务呢？其实早在 2009 年 7 月，法院就曾审理过类似案件。据了解，投资人王某、钱某和李某共同投资和设立了 B 公司。其中王某的出资额占注册资本的 40%，为 B 公司法定代表人；钱某的出资额占注册资本的 45%，为 B 公司总经理；李某的出资额占注册资本的 15%，为 B 公司股东。与此同时，三人也严格按照相关法律法规的规定制定了明确的公司章程。而在 B 公司的公司章程中，载明董事会有聘任或解聘总经理的权利。根据这一明确的规定，B 公司的董事会以钱某不经董事会同意私自动用公司资金炒股为由，一致决定罢免钱某公司总经理的职务。然而钱某却对董事会的决议表示不服，认为董事会撤销其职务的流程不符合《公司法》和公司章程的相关规定，并向法院起诉要求董事会撤销这一决议。而法院经审查，决定对钱某所提要求不予支持。

通常而言，企业要想撤销总经理的职务，应当按照公司章程规定召开股东会或股东大会会议，在三分之二的股东同意的情况下才予通过。而在本案例中，B 公司董事会对于撤销钱某总经理职务的表决有三分之二的股东通过，因此法院认定董事会的表决结果合理有效。

由此可见，一般而言，企业在有正常理由且操作流程符合相关规定的前提下，是有可能罢免总经理职务的。

为了企业的稳定和可持续发展，处理好股东会和董事会之间的冲突才是企业应该着重思考的内容。

第 4 章

企业控制策略：印章控制，权责分明

不少企业存在下列问题：股份平分，没有真正能够把握全局的大股东，导致管理混乱；职责不明，不同管理者之间工作内容有交叉，员工常常为谁负责而感到困惑；印章没有专人管理，管理者随用随取，时而甚至要"寻找"印章……

出现上述问题，在于没有制定好企业控制策略。企业不仅需要做好印章管控，更要制定岗位明确、权责分明且符合国家相关法律法规的章程。

4.1 章程的价值与意义

国有国法，家有家规，企业内部也应有一套基本规范，制定合法、公开、公正的章程，能规范组织和行为，保证企业顺利成立与正常运营。

章程，是企业依法制定的，规定企业名称及住所、经营范围、经营管理制度、法定代表人等重大事项的基本文件。章程是企业存在的基础，企业只有在制定章程后，才能向登记机关提出企业成立请求。由此可见，章程在企业的存在和运营中发挥着非常重要的作用。

4.1.1 章程的法律意义

章程，能规范企业组织和行为，对股东、董事、监事以及其他高级管理人员的行为等同样具有约束力。因此，章程不仅在企业的经营与管理活动中具有十分重要的意义，在企业的存在和延续中也具有十分重要的法律意义。

（1）企业成立的必备条件。根据法律规定，想要设立企业就必须依法制定章程，章程是企业成立的必备条件。我国企业登记机关，负责审查企业章程是否合法、明确、公平、公正并进行监督。

企业设立请求核准通过后，其章程便被法律认可并具有法律效力，企业可以凭借公司章程依法享有各项权利以及依法履行各项义务。

（2）企业自治的重要规范。法律规定，企业章程是股东一致的意思表示，需要全体股东共同制定。由于章程是在企业内部自主实行而无须国家强制的，属于法律规范以外的行为规范。当企业内部出现违反章程行为时，只要该行为不违反国家法律法规，即可由企业内部自主解决，这将考验企业的自治能力。

4.1.2　章程的基本特征

对企业内部而言，章程具有法律效力。在制定章程时，企业必须严格按照法律法规的规定，内容应规范、明确、详尽，并符合以下 4 个基本特征。

图 4.1-1 为企业章程的基本特征。

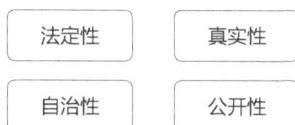

图 4.1-1　企业章程的基本特征

（1）法定性。企业章程具有法定性特点。想设立公司，就必须由全体股东或发起人共同制定企业章程，并连同企业登记申请书等其他相关文件提交企业登记机关审核。

（2）真实性。章程载明的内容必须符合企业的实际情况，不能是虚假信息。《公司法》规定，企业章程有虚假记载的，由登记机关责令整改、罚款，严重的甚至会撤销企业登记或吊销营业执照。

（3）自治性。自治性是指章程作为规范企业组织和行为的标准和依据，对企业、股东和其他高级管理人员具有一定约束力，但这种约束力并不需要国家强制实施，而主要靠企业自己执行。

（4）公开性。公开性仅限于股份有限公司的章程。为便于投资者了解企业，股份有限公司的章程要对投资者、债权人等公开。有限责任公司则无此要求。

案例　一"章"可定乾坤

根据《公司法》的规定，相关法律法规对企业行为有明确规定的，企业应当严格按照相关规定进行；无明确规定的，则依据公司章程进行。

A 公司经过多年的发展，站在了转型升级的重要关口，为了明确未来的战略目标和发展方向，特地召开股东会会议，使股东行使表决权进行决议。通常而言，根据相关法律法规的规定，股东应按照出资比例行使表决权。但由于 A 公司设立之初，部分股东是以技术和设备出资的，单纯按照出资比例行使表决权对于这类股东而言十分不公平。因此，A公司特地在公司章程中载明，不论是表决权还是分红权，企业会在综合考虑的基础上予以公正、合理的分配。

这便是公司章程维护股东利益的重要表现。除此之外，公司章程对企业本身，特别是在表决权行使方面也十分重要。

2009年年底，A公司第一大股东兼法定代表人胡某作为B公司的甲方代表，与乙方代表张某签订了股份认购协议和期权授予协议。在这两份协议中，约定B公司向张某定向增发股权，张某则承诺在B公司股份上市交易前，自己基于所持股份而享有的表决权将与胡某的意见保持一致。简而言之，即张某将成为胡某的拥护者，具体表现为张某在股东大会会议上的投票将与胡某保持一致。两份协议均在双方签字后生效。

2015年4月，B公司董事会召开了年度第二次股东大会会议，29名股东中有18名股东因事缺席，且部分股东派出代表参与此次股东大会会议，其他11名股东均按时到会。股东大会会议开始后，股东及股东代表就B公司一些重大的事务，例如增资扩股等事务进行了投票表决。在本次投票中，胡某出于对公司未来发展的考虑，对股东大会会议所提议案均投了同意票。然而张某却因公司扩股有可能损害自身利益，而选择投了反对票。但是在最后的统计阶段，基于胡某和张某在股份认购协议和期权授予协议中的约定，将张某所投的反对票按照同意票统计。最终，由于参会的股东和股东代表们代表了B公司94%以上的股权，符合相关法律法规和公司章程对于表决权的规定，本次股东大会会议所提议案均通过决议。

除《公司法》及其他相关法律法规以外，在公司章程载明的内容中，公司方面与股东签订合法协议的，公司方面可以对股东表决权的行使作出一定程度的限制和相应的规定。

而上述案例中，胡某与张某早在2015年年度股东大会会议召开的前几年，便事先签订了相关的协议，在一定时间内对张某表决权的行使作出了规定。而公司章程，则是胡某作出此类规定的依据。

公司章程在维护股东和企业利益的同时，对股东和企业的行为也有诸多限制。

上海一家国际贸易有限公司的股东马某，就因没有按照公司章程的规定履行出资义务，被除名。而下面的案例中，刘某和李某也因没有依法更改公司章程，白费了心血。

刘某、李某和宋某是 C 公司的股东，分别持有公司 40%、35% 和 25% 的股权。其中，刘某为 C 公司的执行董事和法定代表人。要想将一家公司经营好，靠的不是纸上谈兵，而是将行动落实到具体的实践中。然而俗话说得好，"两个和尚挑水喝，三个和尚没水喝"，在公司经营过程中，三人难免出现意见相左的情况，久而久之，三人之间的矛盾越来越激烈，尤以刘某和李某为甚，宋某则在大部分时间里都保持中立。在这种情况下，很多关于公司未来发展的决议都在争吵中不了了之。为了公司的发展，刘某决定将公司大部分股权掌握在自己手里，因此说服宋某将所持 25% 的股权转让给自己。李某虽然表示强烈反对，但是刘某和宋某仍坚持己见签订了股权转让协议。

根据《公司法》的规定，股东内部的股权转让无须通过股东会决议，但在办理工商备案时需要提交公司章程修正案，而公司章程修正案是需要股东会决议的。在此前提下，C 公司宋某转让股权后对公司章程的修正，因双方的矛盾而没有进行股东会决议，严格意义上是无效的。但是股东内部股权的转让只需要法定代表人签字即可，这便形成了矛盾。对于刘某而言，股东持有 67% 以上的股份便意味着对企业有绝对的控制权，刘某所持有的 65% 的股份即代表刘某已经基本实现对 C 公司的控制，但公司章程修正未经股东会决议仍是一个不小的隐患，随时可能引发更大的冲突，这不仅值得刘某警惕，也值得所有企业加大对公司章程的重视程度。

4.2　章程的控制策略

章程不仅是一份简单的书面文件，也是企业赖以生存的灵魂，一个企业的产生和运营，离不开章程的约束。企业必须按国家法律法规要求制定章程，并正确运用对章程的控制策略，保证企业的合法权益不受侵害。

4.2.1　股东平分股权，如何承担责任

伴随市场经济的发展，以及国家对小微企业创业提供的政策支撑，越来越多的人选择自主创业。为分摊风险、获取资金和寻求技术支持，大部分人会选择合伙人共同创业。这使很多企业在设置股权架构、确定股东权利时，会选择股东平分股权的运营方式。这种方式不仅相对公平，也有利于股东充分发挥个人优势。然而，股份比例相对或绝对平均，也会造成责任模糊的问题。

采用股东平分股权运营方式的企业，应如何承担责任呢？

甲是刚毕业的大学生，在校期间与同学乙和丙一起做外贸进出口业务。之后，甲、乙、丙成立外贸公司。

由于三人在技术、资金、设备等方面的投入差距不大，所以采取股东平分股权的运营方式，甲占股34%，乙占股33%，丙占股34%。经推举，由甲担任法定代表人和执行董事，甲却对此心存疑虑：职位越高，责任越大，如果公司出现重大问题，自己是不是要一个人承担责任；自己可不可以在公司章程中约定，如果公司出现关系到刑事责任的重大问题，责任按照股权比例共同承担？

企业成立后，章程就具有了强大的约束力，但章程并不能任由股东随意约定所有条款，而是主要对投资方向及种类和数额、股东会议事方式和表决程序、股东之间股权转让等内容进行明确规定。

因此，甲并不能在公司章程中约定刑事责任按照股东股权比例共同承担。

4.2.2　章程中强制条款是否有用

企业章程，是在合乎法律的基础上全体股东意志的表现。章程条款内容设置是相对自由的，例如，很多企业会选择在章程中约定给予人才一定股份，作为吸引和留住他们的筹码。然而，人才的去留，并不能被章程或管理者所左右，企业是否能在章程中制定强制性的条款，约定人才离职后，企业即可强制将股份收回呢？

《民法典》第一百二十五条规定，民事主体依法享有股权和其他投资性权利。国家法律法规规定，股东对其持有的股份具有处分权。离职股东可以通过内部转让或外部转让的方式，将持有的全部或部分股权转让给他人。内部转让程序相对简单，只需双方同意即可。而外部转让程序较为复杂，需要经过企业内部一半以上股东的许可。

因此，企业在章程中作出强制规定，如对离职人才强制收回股份等内容，属于无效约定。但是，章程可以对其转让持有的股份作出其他限制性规定。例如，章程可以依据股东优先购买权，指定股东股权转让的受让主体的范围、受让程序等。

4.2.3　有限公司章程中如何分配分红权和表决权

股东依法履行出资义务后，享有相应权利，而表决权和分红权则是企业股东享有的两大重要权利。表 4.2-1 为表决权和分红权的定义和特点。

表 4.2-1　表决权和分红权的定义和特点

名称	表决权	分红权
定义	股东表决权，又被称为股东议决权，是指股东基于股东地位和股东资格而享有的对企业事务进行表决的权利	股东分红权，又被称为股东的股利分配请求权，是指股东基于股东地位和股东资格而享有的请求企业向自己分配股利的权利
特点	按照股东出资比例确定	按照股东实缴的出资比例确定

股东出资比例越高，享有的表决权和分红权也就越高。但这并非固定不变的。根据法律规定，企业可以依据股东意思，在章程中约定不按股东出资比例分配表决权和分红权，但这仅限于有限责任公司，股份有限公司必须要按照股东出资比例分配表决权和分红权。

实质上，股东应享有的表决权和分红权，更多属于企业自治范畴。企业完全可以按股东的意愿和企业内部实际情况，在大的经营方向不变的基础上，就是否按出资比例享有表决权和分红权进行灵活变通，并在章程中作出明确规定。

案例　公司章程控制策略案例

当前，为了分散风险，不少人选择共同出资设立企业，或为了融资选择平分股权、为吸引和留住人才实行股权激励等，从而导致企业创始人股权不断被稀释。在此前提下，创始人在不知不觉间就失去了企业控制权甚至被扫地出门。

以互联网公司 A 公司为例。2000 年左右，不少互联网大厂的股票价格都呈下跌趋势。然而 A 公司却如一匹黑马，以强悍的姿态出现在大众眼前。数据显示，仅在 A 公司股票上市当天，股价就从开市的 17 美元涨到 20.8 美元。在其他世界级互联网大厂股票价格下跌的时刻，A 公司的股价涨幅超过 20%。

但是这种态势并没有持续太长时间，仅仅一年，A 公司的股票价格就从最高 50 多美元跌到 1 美元左右，损失惨重。创始人侯某为了自救，多次召开股东会和董事会会议，试图在困境中寻求度过这次危机的方法。然而股价的持续暴跌已经将公司股东的耐心和信心消耗殆尽。侯某在互联网行业低迷的情况下仍然坚持将 A 公司发展为互联网门户网站，这一决定成为众股东攻击侯某的理由，他们开始质疑创始人侯某提出的发展战略的正确性，并认为侯某已经失去了带领企业向上发展的能力。

在此之后，侯某与股东，特别是与董事之间的矛盾持续升级，最终 A 公司的董事召开董事会会议，表示 A 公司遭此大劫都是因为侯某在不恰当的时机做了错误的决策，一致对侯某作出撤销其现有职务的决定，以及免除其董事资格。随后，董事会更是在没有经过侯某同意的情况下，发布了关于侯某将从 A 公司离职的虚假消息，试图逼迫侯某从 A 公司离职。这个消息一经曝出，便引起了轩然大波，侯某本人却没有任何反应。

就在众人认为侯某只能接受董事会决议，从 A 公司离开时，侯某依旧像往常一样上下班。董事会一计未成，又生一计，直接宣布将对公司内部部分员工进行裁员处理，其中侯某位列榜首。最后，侯某只能被迫出局。

而侯某无奈从自己一手创办的公司中出局的根本原因，便在于其没有制定好公司章程控制策略，没有在公司章程中载明平分股权的处理。

侯某的失败，可以从 A 公司的起源开始分析。

虽然侯某是 A 公司的创始人，但 A 公司的设立却是在侯某老东家 B 公司的支持下进行的。据了解，B 公司向 A 公司投资了 500 万港元，后来又引入了 650 万美元的国际风险投资和数十家企业近 9 000 万美元的投资。在多次融资下，侯某持有的股权一再被稀释，从最初的 21% 一直被稀释到 A 公司股票上市时的 6.22%，他已经丧失了对 A 公司的控制权。

侯某最终面对的结果并非不可避免。事实上，保护股东的合法权益不受损害，是企业制定章程的重要目的。其中的内容之一，便是针对股权平分制定保护股东利益的措施，即在章程中规定企业未来投资方向的大体范围、股东会议事方式和表决程序，以及股东之间股权的转让等。

在企业章程的强大约束效力下，不论是股东会还是董事会，都不能在不符合《公司法》和企业章程规定的前提下任意作出决议，其行为将受到十分严格的约束。例如侯某与董事会意见相左，被董事会决议除名、撤职、裁员等，依据企业章程，都可以通过合法的方式和途径解决。

除创始人因股权被稀释被迫出局外，其他企业恶意收购股权、第二大股东"篡权"等因企业章程没有实现控制作用而导致股东股权受到影响的案例层出不穷。事实上，《公司法》及其他相关法律法规已经赋予了企业自治的权力，在合乎法律规定的范围内，企业股东可以通过企业章程自主决定企业的一些事务。在这种情况下，重视企业章程，制定企业章程的控制策略，是股东保护自身合法权益、保护企业正常运营和健康发展的重要方式之一。

4.3　印章控制策略

印章是企业处理内外部事务的印鉴，包括公章、法定代表人章、财务专用章等，凡以企业名义对外发出的文件都需要加盖印章。因此，印章的重要性毋庸置疑。做好印章的控制和管理，对维护企业稳定，保证企业正常、顺利运营有重要意义。

4.3.1　被罢免的执行董事拿走印章怎么办

印章是企业重要的财产之一，是企业内外活动的重要工具和有形代表。根据国家市场监督管理总局规范性文件，企业变更法定代表人、补办营业执照、签订合同、开具发票等都需要在相关文件上加盖印章。然而，在很多企业股权纠纷中，往往能发现部分企业存在"印章无人管控，随意流转"的问题，这给企业带来了非常不利的影响。

A是某企业的执行董事，因为不满B不懂经营管理、毫无作为却持有企业近一半股份，多次在B的工作中使绊子，甚至将B负责的项目透露给竞争对手，严重侵犯企业利益。

经股东会审议后，决定罢免A执行董事的职务。A拒绝接受股东会决议，并且拒绝将原本持有的印章归还，企业多次与 A 协商印章归还问题，A 都拒绝归还。

A 为一己之私泄露了企业的机密，让企业遭受了严重的损失，企业应该通过什么途径取回印章？

（1）挂失。当被罢免的执行董事拒绝归还印章时，企业可以到公安机关挂失，重新办理印章。这种方式耗费的时间短，不会对企业的运营造成太大影响，并且挂失印章之后，原印章就此作废，也有利于保护印章的安全。

（2）诉讼。根据《公司法》第一百四十七条"董事、监事和高级管理人员应当遵守法律、行政法规和公司章程，对公司负有忠实义务和勤勉义务"的规定，以及《民法典》第二百三十五条"无权占有不动产或者动产的，权利人可以请求返还原物"的规定，在 A 违反了国家法律法规和公司章程的情况下，企业有权要求 A 返还印章，拒绝归还的，企业有权向人民法院提起诉讼，以维护自己的合法权益。

为从根源上避免类似纠纷，企业应在制定公司章程时，对保管印章的部门或负责人作出明确规定，并通过建立用章日常保管制度，让相关部门尽到对印章的保管责任。只有做好印章管控，企业才能更好地保护自己的权益。

4.3.2　内部职能部门对外提供印章担保，企业如何担责

职能部门，是指企业中对下属单位负有计划、组织、指挥权力的部门。

职能部门具有一定的权力。日常工作中，企业用章的情况较多，为提升职能部门工作效率、减少人员浪费，部分企业虽然在章程中明确了印章管理人员或部门，但在实际运营中，还是会将一些权力下放给职能部门，并允许其制作印章。这一方式虽然达到了提升效率的部分目的，但也造成了一定风险，很容易导致印章滥用、印章越权使用等问题。

当企业内部职能部门出现印章问题时，企业是否应承担责任，又该如何承担责任？

　　甲和乙签订协议，乙邀请了 A 企业当地项目部经理丁作为担保人，并盖了 A 企业的公章。但在结算货款时，乙失踪了，甲找到丁希望 A 企业可以担责，但丁却以项目部是 A 企业的职能部门，盖的章无效为理由拒绝承担责任。那么，A 企业项目部经理丁的担保行为是否有效？

　　根据《最高人民法院关于适用〈中华人民共和国民法典〉有关担保制度的解释》第十一条，公司的分支机构未经公司股东（大）会或者董事会决议以自己的名义对外提供担保，相对人请求公司或者其分支机构承担担保责任的，人民法院不予支持，但是相对人不知道且不应当知道分支机构对外提供担保未经公司决议程序的除外。

　　在以上案例中，根据法律法规规定，丁的担保行为是无效的。同时，A 企业任由丁为甲、乙担保，对职能部门的管理上属于失责，因此 A 企业需要在管理过错范围内承担一定的责任。甲未能对丁是否取得书面授权进行审查，其行为也有过错。所以，双方都需要承担一定的责任。

　　企业内部的职能部门出现滥用印章的情况，往往会被认定为企业管理上的疏忽与失误，需要企业承担相应责任。为避免这种问题的发生，企业应通过提前做好印章使用备案、明确印章使用范围和对滥用印章的行为追责等方法，加强对印章的管控。

4.3.3　印章被盗用如何处理

　　企业印章被盗用，显然属于严重问题。谁是盗用印章的高风险人群？印章被盗用又如何处理？

　　盗用印章的高风险人群分为两类，一类在企业外部，另一类在企业内部，类型不同，企业可以采取的措施也有所差异。

　　（1）企业外部。通常来说，与企业有业务往来的企业或个人更有可能盗用印章。

　　根据《最高人民法院关于在审理经济纠纷案件中涉及经济犯罪嫌疑若干问

题的规定》第五条的规定，行为人盗用单位印章的，单位对其造成的经济损失不承担民事责任。此外，司法机关还会根据盗用印章时印章放置的地点，如印章是放置在桌子上的还是放置在保险柜中的，了解到企业是否存在印章管理方面的疏忽，是否应承担相应的过错责任。

无论企业是否将印章放置妥当，都可以通过诉讼维护自己的合法权益。

（2）企业内部。与企业外部相比，企业内部人员更容易接触到企业印章。根据职责、职位、接触和使用印章的频率，企业内部人员可分为企业高级管理人员和企业财务人员两类。

企业的章程和文化等，对企业的员工和管理者具有一定的制度约束和道德约束作用，但这些都无法完全规避印章被盗的风险。因此，企业可通过更具体的措施，加强印章风险防控。

表 4.3-1 为印章风险防控措施。

表 4.3-1　印章风险防控措施

措施	内容
专人专管	做好印章管理人员的选择，责任心强、为人严谨是人员选择的重要标准，印章应该存放在保险柜等安全的地方
印章备案	到公安机关做好印章备案，一旦出现印章被盗刻使用的情况，公司可以进行有效抗辩

企业通过以上措施，可以加强对印章的风险防控，最大限度地避免印章被盗用、私刻印章等情况的发生，保证印章的安全。

4.3.4　法定代表人私自用印章对外担保怎么办

法定代表人是指法律或法人章程规定的、能代表企业从事民事活动的负责人。根据法律规定，法定代表人由董事长、执行董事或经理担任。

法定代表人能以法人名义对外实施行为，其实施行为产生的后果由法人承担。因此，如果企业出现法定代表人不受控制的情况，例如私自用印章对外担保等行为，将会严重损害企业的利益。

出现类似情况时，企业应如何处理？

根据《公司法》规定：公司为公司股东或者实际控制人提供担保的，必须经股东会或者股东大会决议。当出现法定代表人私自用印章对外担保的情况时，企业可向法定代表人进行追偿，要求其赔偿企业和其他股东的损失。

为维护合同的稳定，保证市场的公平、公正，在第三方企业不知情的情况下，担保合同依然有效，企业也需要承担担保责任。这是《最高人民法院关于适用〈中华人民共和国公司法〉若干问题的规定（四）》第六条"股东会或者股东大会、董事会决议被人民法院判决确认无效或者撤销的，公司依据该决议与善意相对人形成的民事法律关系不受影响"所规定的。

尽管企业能通过追偿的方式，解决法定代表人私自用章造成的问题，但该类事件还是会给企业带来非常严重的后果。企业必须要对法定代表人的权力和行为进行适当约束，并建立完善的用章制度，做到专人专管、权责统一。

案例　印章控制

在企业经营管理的过程中，无论对内对外，印章都是不可或缺的重要凭证。所以，做好企业印章的管理和控制对于任何企业来说都是至关重要的。

然而在实际操作中，总是会有部分企业认为将企业印章置于重要地位，花费大量时间、精力和配备人力资源对其进行管理和控制是没有必要的，由此也产生了一系列关于企业印章滥用、盗用甚至伪造印章等问题，给企业造成重大损失，让企业后悔莫及。

以下案例中的F公司，因不重视印章的管理和控制而出现运营、管理的一系列失误。后来在其建立科学、完善的印章管理和控制体系后，企业又重回正轨。

李某所在的公司是一家建筑工程有限公司，其主要经营业务包括房屋建筑工程、水利工程、市政工程、钢结构工程以及建筑材料的研发、生产和销售等。由于该公司在业内有较大名气和较好口碑，B公司决定由该公司来负责旗下某工地钢材的供应，而李某作为该公司销售部经理主要负责双方本次合作。

2011年3月，B公司、李某和F公司三方共同签订了一份钢材供应协议书，该协议约定李某为 B 公司旗下的某工程项目提供钢材，F 公司则为该工程十层以内所用的钢材贷款承担担保责任。协议内容明确后，三方均在该协议上签字、盖章。然而，F 公司在协议上加盖的印章不是经过工商备案的带防伪编码的公章。

由于 B 公司和李某所在公司在印章管理和控制方面十分严格，协议提交相关部门后，相关管理人员当即发现协议存在的漏洞，双方与 F 公司沟通无果后便一纸诉状将 F 公司告上法庭。经法院审理查明，F 公司在该协议上加盖的公章印文确非其工商备案的带有防伪编码的公章形成，且一审时 F 公司提交的营业执照、资质证书、核准证等材料上加盖的 F 公司公章均未带有防伪编码。另外，F 公司原法定代表人在一审法院调查中亦证明 F 公司仿造公司印章。法院据此作出判决，认定钢材供应协议书上加盖 F 公司公章的印文，是 F 公司使用公章形成，F 公司应当按照钢材供应协议书的约定承担担保责任。此外，仿造公司印章属于违法犯罪行为，我国《刑法》第二百八十条明确规定了仿造印章的处罚，即根据情形严重与否判处三年以下或三年以上十年以下有期徒刑，并处罚金。

F 公司现任法定代表人及时认识到自身的错误，积极缴纳罚款并主动带领相关人员承担相应的法律责任，最终获得减刑。F 公司在这场风波中尽管受到巨大的打击，但也认识到公司印章使用的唯一性，由此建立起了科学、完善的印章管理和控制体系，以避免印章问题再次发生。

无独有偶，由于没有做好对公司印章的管理和控制，南京某银行也产生了巨大的经济损失。

王某是某银行南京支行的副行长，2010 年 4 月，A 公司向王某所在的银行申请一笔 300 万元的担保贷款，B 公司作为担保方。但是 B 公司为了避免担保风险，便以王某所在银行的名义打印了一份关于免除承担担保责任的文件，并通过贿赂王某在该文件上加盖了银行公章。值得庆幸的是，这件事被一名银行员工意外撞破，王某被革职处分，银行得以避免产生经济损失。在王某私自加盖公章的事件发生后，银行加强了对印章的管理和控制。然而该银行将王某收受贿赂、私盖印章的行为看作个人行为，为了避免再次发生银行高管被贿赂使用印章的情况，银行方面设立了专门的管理部门和管理人员，以及制定了相应的印章内部管理策略。但是问题不是只从内部发生的，该银行只重视内部印章管理问题，而忽略外部人员行为，导致损失再一次发生。

2014年6月，该银行向南京法院起诉称，崔某在担任C公司总经理期间，共向银行贷款2800万元，崔某所在的C公司为其提供连带责任担保，并在贷款合同上加盖了公章。然而在贷款合同规定的日期到了之后，崔某仅归还了120万元借款。因此，该银行将崔某和C公司告上了法庭，要求崔某归还借款2680万元，并由C公司对上述债务承担连带责任。法院调查得知，在崔某与银行签订的借款合同中确实加盖了C公司公章，但C公司对此予以否认，坚称印章是被崔某盗用的，而非公司意愿。最后，崔某被判处诈骗罪、合同诈骗罪和信用卡诈骗罪，接受刑事处罚。而C公司在崔某在职期间，长期没有发现公章被盗用，这是印章管理不规范，因此对盗用公章产生的后果应当承担赔偿责任。在这两起事件发生后，该银行终于认识到公司印章的重要性，在日后的管理中更为严格和严谨。

根据以上案例，可以得出以下结论。任何企业，不论是对内还是对外，都应做好印章的相关管理和控制工作。防人之心不可无，只有做好防范，才能保证印章使用的安全。

第 5 章

股权激励（1）：分股合心，尽心而为

今天，越来越多的企业家认识到股权激励对企业的重要性。从短期看，适当"分股"，才能有效"合心"。企业产权收益的"蛋糕"有属于优秀员工的那一块，他们才会将企业看成家，才会在尽力工作的基础上，更加尽心。从长期看，一个好的企业股权激励结构，能为企业传承助一臂之力。

5.1 如何做好股权激励设计

股权激励面向为企业创造价值的"人"，是企业的长远战略规划，而不是"打赏""点赞"式的小恩小惠。企业家有必要将股权激励作为常态化机制，将其与企业的顶层设计充分结合。

股权激励的设计，应同企业运营的核心商业要素充分组合，包括商业设计、治理设计、组织规划、产融规划等。

5.1.1 设计股权激励前的调查与评估

设计股权激励前，应进行调查，对股权激励实施环境进行科学评估并加以改善。

对股权激励环境实施的调查评估，主要包括外部环境和内部环境评估两方面。

1. 外部环境评估

重点了解企业所在行业、地域的资本表现情况，经理人市场的发展情况等。资本表现越活跃、经理人市场越完善，实施股权激励的成本就会越低，性价比就会越高。

此外，还应了解外部政策等的影响，避免政策障碍导致激励效果减弱。

企业开展股权激励，不仅需要基本的内部组织能力，还需外部服务环境的加持。企业家应选择合适的专业咨询团队参与对接，上市企业则更需要专业的配套服务。

2. 内部环境评估

企业实施股权激励，应着重对内部环境进行评估。其中，企业现有特征、所处阶段、股权架构、治理模式、财务状况、团队状况都是重要评估对象。

（1）现有特征。当企业具备相对规模和实力时，股权激励实施的空间较大；反之则需更为务实的激励方式。

（2）所处阶段。当企业还处在成长期，就已表现出不错的盈利能力时，员工看好其未来表现，认同其成长性，股权激励就容易发挥作用。

（3）股权架构。股权激励的实施，有可能会改变原有股权架构，因此必须结合不同企业股权架构的特点，设计相应的股权激励方案。

股权集中度很高的企业，可考虑将股权直接转让给激励对象；股权集中度较高的企业，应考虑业绩股票、延期支付、虚拟股票等模式；控股股东优势地位不足的企业，则应只考虑虚拟股票等方式，避免其控制权受影响。

（4）治理模式。企业应围绕治理模式设计股权激励方案，以提高效率、降低风险。

（5）财务状况。盈利能力强、现金充足的企业，可以选择限制性股票模式；盈利能力弱、现金不足的企业，则应考虑对现金流影响不大的激励方式，如股票增值权、业绩单位等。

（6）团队状况。管理团队是股权激励的对象，企业在设计股权激励方案时，应对团队人数、士气状况、未来发挥的作用、自我职业设计等进行详细调查，以明确方案将如何发挥作用。

5.1.2　如何确定股权激励的目的

股权激励设计的第一步，是确定股权激励目的。只有明确目的，才能有的放矢，选择科学的股权激励模式。

一般而言，企业实行股权激励是为了达到以下目的。

（1）提升业绩。股权激励的作用，在于督促企业管理团队努力提升业绩。因此，股权激励设计应能提高管理者的积极性、能动性。

另一方面，企业也不能单纯为提升业绩，而确定过高的目标。不同阶段的股权激励方案，应具备良好的可实现性，让激励对象始终需要"跳一跳"才能"够到果子"。

（2）减少资金压力。现金流对企业运营的重要性不言而喻。有效的股权激励模式，能为企业减轻资金压力。

例如，企业采用长期股权激励模式，能减少短期工资、奖金等现金支付量，以在现阶段降低成本。企业还可采用有利于节约现金流的激励模式，如股票期权、员工持股计划等，进一步缓解资金压力。

（3）健全治理结构。健全有效的治理结构，能帮助企业更好地进行资源配置，实现经营目标。但在所有权人和经营者并不相同的情况下，经营者一旦犯错，就很可能给企业的所有权人带来伤害。同时，经营决策过程中，企业的治理团队还需要吸纳充足的优秀成员。通过股权激励，企业能在一定程度上解决问题、满足需求，健全现有治理结构。

（4）激励优者。优秀员工是企业成功的关键因素，优秀管理者更是重中之重。随着经济发展和时代进步，人才流动会更为积极，企业开发和保留优秀管理者的成本会更高。采用股权激励方式，能有效吸引和保留人才。

（5）解决历史问题。长期发展中，企业会面对历史问题与现实需要的矛盾。例如，历史中，优秀管理者为企业的开创与发展立下汗马功劳，并拥有一定职位，对企业成长产生深远影响；现实中，出于个人年龄、精力、知识储备、职业背景等方面的原因，他们难以应对新的竞争形势要求，退出管理一线成为必然。尽管没有明确的法律法规要求企业给予老员工股权作为退出条件，但为了企业文化的维系和传承，出于打造共同奋斗氛围的目的，可运用股权激励来回馈老员工，解决历史问题。

5.1.3 如何明确股权激励的范围

股权激励能使激励对象的长远利益和企业的长远利益一致，与企业共同进步。广义而言，能对企业业绩提升发挥重要作用的员工，都处于股权激励范围内。但在具体确定股权激励人选时，也需考虑到国家法律法规所提出的限制条件。

1. 上市公司股权激励范围

依据《上市公司股权激励管理办法》等法规，上市公司股权激励的对象主要包括董事、高级管理人员、核心技术人员或者核心业务人员，以及其他特批员工。

下列人员不得成为上市公司股权激励的对象。

（1）独立董事和监事。

（2）单独或合计持有上市公司 5% 以上股份的股东或实际控制人及其配偶、父母、子女。

（3）最近 12 个月内被证券交易所认定为不适当人选。

（4）最近 12 个月内被中国证监会及其派出机构认定为不适当人选。

（5）最近 12 个月内因重大违法违规行为被中国证监会及其派出机构行政处罚或者采取市场禁入措施。

（6）具有《公司法》规定的不得担任公司董事、高级管理人员情形的。

（7）法律法规规定不得参与上市公司股权激励的。

（8）中国证监会认定的其他情形。

2. 非上市公司股权激励范围

非上市公司的股权激励，不受具体法律法规的限制，在确定范围上具有一定的灵活性，公司可根据实际激励需要来确定范围。通常而言，非上市公司的股权激励对象应该是企业的董事、高级管理人员、中层管理人员、核心业务或技术骨干、其他重要成员等。

非上市公司还可以将股权激励范围定得更广。但因非上市公司有股东人数限制（50 人），很多公司采用了代持等间接持股方式，扩大了激励范围，将更多核心成员乃至普通员工纳入其中。

企业在确定股权激励范围时，应避免将股权激励当成平均化的奖励，也要避免将之看成极少的内部奖励，否则就会出现公平性或激励性不足的问题。

5.1.4　如何确定股权激励的设计原则

企业应从以下三个方向出发，确定股权激励的设计原则。

（1）股东利益原则。股权激励方案应维护企业股东的根本利益。方案应着眼于挑选能最大限度体现股东要求的人员加以激励，保证企业治理决策过程中，股东的利益得到充分保障。方案也应致力于挑选那些能主动从股东角度思考的优秀员工。

（2）动态分配原则。企业整体状态和员工团队状态都在不断变化，因此股权激励设计需要遵循动态分配原则。

在制定方案时，需要首先考虑企业的战略战术目标如何调整，其对治理结构、岗位重要性、专业人员期待薪酬会产生何种影响，从而确保股权的激励分配有侧重点。企业处于不同发展阶段，也要有不同的重点激励人群，并根据实施效果及时进行修改变更。

（3）与制度结合。股权激励方案不仅有激励要素，也有约束要素，方案内容在调动员工积极性的同时，还应使其工作行动始终围绕目标。

股权激励方案需要一系列配套制度，包括与工资、奖金、长期激励有关的薪酬制度，选聘制度，资格认定制度，审计制度等。只有将股权激励方案和上述制度相结合，才能保证股权激励方案的顺利和有效。

5.1.5　如何选择股权激励的模式

不同的股权激励模式，能达到不同的激励效果，会耗费不同的激励成本。企业应结合自身特征和发展需要，明确备选的股权激励模式，听取专业咨询团队的建议，经过严谨科学的论证，最终确定合适的股权激励模式。

企业应对不同股权激励模式的内容、特点有充分了解，再根据以下原则选择合适的股权激励模式。

（1）目标明晰原则。企业应充分明确股权激励需达成的目的、解决的问题，再倒推应选择的股权激励模式。

（2）路径多元原则。股权激励模式的选择中，企业并非只采用单一模式即能达成目标，针对不同激励对象，企业可以采用不同的激励模式。

（3）动态原则。同一家企业中，股权激励模式应根据发展阶段的不同，而有所调整变化。企业所处阶段不同，发挥重要作用的员工群体不同，股权激励重点对象也会有所不同。

（4）成本原则。在确保激励效果的基础上，企业应充分关注时间成本、财务成本，降低激励难度，提高激励带来的长远收益。

5.2　股权激励的 10 大要素

通常情况下，企业首先应根据自身特点、发展阶段、治理结构、股权架构、未来战略等总结股权激励的整体需求；其次则应按目标、时间、对象、数量、来源、价格、性质、机制、变化、规则等，确定股权激励方案的各细分要素；最后形成股权激励的相关文件，产生法律效力。通过对 10 大要素的整合，企业能设计出科学有效的股权激励方案。

5.2.1　定目标

如何打造一套适合企业的股权激励方案？企业应明确股权激励的具体目标。以发展阶段中的企业为例，股权激励主要包括以下目标。

（1）提升业绩。通过股权激励，企业核心管理层甚至少数员工能成为企业股东，或具有分享利润的权利。这能提高其工作积极性，减少其工作中的盲目性，提升士气和凝聚力，进而提升企业业绩。

（2）发挥人力资源价值。企业中难以替代的资源不是资金和机器，而是人力资源。企业采用具有针对性的股权激励方案，能让不同的人力资源充分发挥作用，吸引到更多的人才。

1999 年，马云初创阿里巴巴时，蔡崇信已经是瑞典银瑞达集团的副总裁，年薪高达 70 多万美元。马云希望他能加入阿里巴巴，但开出的月薪只有 500 元人民币的底薪，加上阿里巴巴的股权激励。

没有股权激励，可能就没有蔡崇信的加盟，阿里巴巴就拿不到软银的投资，更可能无法撑过随后到来的电商泡沫危机。阿里巴巴要感谢的不仅是蔡崇信，还要感谢这份股权激励方案。

（3）降低成本。在发展初期和提升阶段，企业会面临不同程度的资金压力。良好的股权激励方案，可以用未来的资金收入吸引人才、发挥效用，降低当下的成本压力。

（4）整合上下游资源。例如，H 公司是一家箱包生产商，为提升下游经销商对本公司产品的销售积极性，H 公司与最大的一家经销商签订了股权激励协议，实现利益捆绑。方案实行一年后，H 公司业绩迅速提升，对经销商渠道的管控能力也大大加强。

股权激励并不只针对企业内部，还能实现对供应链上下游资源的高效整合。

5.2.2　定时间

股权激励方案的时间因素主要包括两个方面，首先是在何时授予激励对象股权，其次是授予过程的推进时间。

1. 何时授予

从激励对象的角度考虑，股权的授予时间应是其受聘、升职、业绩评定、业绩目标下达或完成之时。

职业经理人受聘、升职或业绩评定时，往往是其对企业做贡献过程中的标志性节点，也是其被授予股权的合适时间点。此外，在下达新的业绩目标或完成既有目标时授予激励对象股权，也能体现出股权激励方案的意义。

股权的重要授予时间节点，应符合企业发展的特征。表 5.2-1 为企业角度的股权授予时间节点。

表 5.2-1　企业角度的股权授予时间节点

时间节点	具体特征
股权融资	企业有融资需求时，如引入投资者或 IPO 上市时
并购重组	企业并购其他企业或重组，新入股东和创业团队之间存在利益矛盾时
商业模式调整	企业调整商业模式，需要留住或招揽优秀人才时
特殊情况	企业业绩大幅提升或取得重大成果时，可通过成果分享激励员工进一步努力

从员工和企业双方不同的角度进行观察，能为股权授予时间节点的确立提供重要参考。

2. 何时推进

股权激励并非一蹴而就，而是包括大量时间点的一个过程，主要包括的时间点如下。

（1）有效期。有效期是指激励对象能行使股份所赋予权利的期限。对上市企业而言，有效期不得超过 10 年。对非上市企业而言，有效期则没有硬性法律规定，其应与企业战略阶段性相结合，并考虑到激励对象的劳动合同有效期，通常设置为 3 ~ 8 年。

（2）授权日。授权日即企业向激励对象授予股权的日期。股权激励方案中，等待期、可行权期、失效期等时间段，通常都以授权日为计算起点。

对上市企业而言，授权日必须是交易日，而非上市企业则没有具体法律限制。

在上市企业内，授权日也不可是特殊日期，包括上市企业定期报告公布前的 30 日、重大交易或事项决定过程中至该事项公告后的 2 个交易日，以及其他可能影响股价的重大事件发生日起至公告后的 2 个交易日。

在非上市企业内，授权日应为工作日，并和企业考核日期对应。如果股权激励与企业战略目标有关，则授权日应和企业战略目标起始日期保持一致。

（3）可行权日，即激励对象可以行使股份相关权利的日期。如果是上市企业，可行权日必须为交易日。

（4）失效日。失效日为行权的最后期限，如果过期，股权激励即告作废。

（5）等待期。股权激励方案中，从授权日到可行权日的时间长度，称为等待期。等待期内，激励对象不可行权获得收益。

企业在股权激励方案中设置等待期，是为了对员工进行一段时间的捆绑，避免其将股权作为投机资本而非投入，也有利于让员工安心留在企业。

股权激励等待期的设置有不同方式。表 5.2-2 为股权激励等待期的设置方式。

表 5.2-2　股权激励等待期的设置方式

等待期类型	适用企业	设置方式
一次性等待期	适用于希望在既定时间改善业绩的企业	激励对象在约定时间达到约定业绩目标，即可一次性行权获得激励收益。其时间是固定的
业绩等待期	适用于遭遇发展瓶颈或业绩困难的企业	激励对象必须在有效完成特定业绩目标，才能行使股权。其时间并非固定的，视业绩目标完成情况而定
直线等待期	适用于希望长期留住人才的企业	一次授予、分次匀速行权。例如一次性授予员工 30 万股限制性股票，其有效期为 5 年，员工第 3 年可行权 10 万股，第 4 年可行权 10 万股，第 5 年可行权 10 万股
阶梯等待期	适用于希望长期留住人才并逐步增减激励力度的企业	采用一次授予、分次减速或加速行权的方式。例如，一次性授予员工 30 万股限制性股票，其有效期为 5 年，员工在第 3、第 4、第 5 年分别行权 20 万、5 万、5 万股或者 5 万、5 万、20 万股

股权激励设计中，"定时间"会对股权激励效果产生重要影响，企业必须予以充分关注。

5.2.3　定对象

股权激励如一张网，网的覆盖面积过小，会造成企业内部收益差距拉大，降低大部分员工的忠诚度；反之，面积过大，股权激励成了"福利"，效果适得其反。企业应根据自身需要，对员工进行评价，以明确激励的具体对象。

1. 具体对象

企业所处阶段不同，有不同的重点激励对象。企业可根据具体时期的特点，调整股权激励对象。

（1）初创期。初创期，企业规模较小，重在发挥产品优势参与市场竞争，而管理和决策则相对简单。因此，这一阶段企业的股权激励对象，应是掌握核心技术、核心竞争资源的员工。

（2）发展期和成熟期。发展期，企业运营走向正规化，管理团队、技术骨干、市场营销骨干都发挥重要作用。因此，股权激励的重点对象应为管理团队，适当兼顾技术骨干和市场营销骨干。当企业进入成熟期后，应侧重于对企业管理层的激励。

（3）衰退期。当企业进入衰退期后，其原有的竞争力停止增长乃至衰减，企业面临寻找新增长方向、开启新生命周期的任务。此时，股权激励的重点目标应集中在能实现企业业务再造的关键人员身上。

2. 定对象的原则

在确定激励对象的大致范围后，企业需对激励对象进行具体评价，以确定符合要求的人选。企业可以基于职位、贡献、任职年限、能力、业绩表现等因素，对人选进行排序。其过程应遵守以下原则。

（1）不可替代性原则。股权激励是一种中长期激励，企业能授予员工的股权是宝贵的。为此，企业必须重视员工的不可替代性，即应该将激励人选限定为"无法被取代"的员工。换言之，只有那些在一定时间内无法被替代或替代成本很高的员工，才是真正的激励对象。

（2）长期价值原则。无论是提成、奖金还是福利的发放，企业都应着眼于员工对企业的贡献。相比之下，股权激励则有所不同，企业除考虑对象的历史贡献外，还应更多基于其未来能为企业创造的长期价值进行判断。

（3）公平和效率原则。企业确定股权激励对象时，如果将某类岗位纳入股权激励方案，就应该包括该岗位的所有员工，而不能人为造成差别。但如果不是基于岗位制定激励方案，就应杜绝平均化倾向，而是抓住重点，进行合理倾斜分配。

5.2.4　定数量

企业应拿出多少股权激励员工？这是设计股权激励方案时必须予以解决的问题，其解决路径分为总量和个量两大层面。

1. 总量的确定

企业确定股权激励总量时，应考虑多方面要素。表5.2-3为企业股权激励总量要素。

表5.2-3 企业股权激励总量要素

要素	参考内容
企业资本战略	计算企业未来实施股权融资、并购重组等资本战略所需要预留的股份数量，以此推出目前可用的股权激励总量
控制权归属	调研了解股东能接受的控制权底线，在此基础上计算股权激励总量
企业资产规模	结合企业资产规模和激励需要，计算激励总量
员工薪资	结合员工现有薪资福利水平，设计股权激励总量。一般而言，现有收入水平较高的情况下，股权激励总量可稍小，反之则应增大
管理重要性	对管理水平依赖性较强的企业，需要保持管理团队的稳定性，因此给予经理人的股权激励总量要相对大一点
同行业竞争情况	企业应充分了解竞争对手的激励手段，选择具有竞争性的股权激励方案，吸引和留住优秀人才
激励对象业绩标准	将激励对象的业绩标准纳入股权激励方案中，保证业绩目标难度与激励收益的匹配度相适应

基于上述要素，可以采用以下方法进一步明确股权激励总量。

（1）留存额度法。计算现有股东为控制企业所必须保留的股权额度，在这一额度限制下，合理规划计算，明确用于激励的股权总量。

（2）薪酬比例法。企业可将员工年薪总量或其他收入作为基数，对应合适的百分比，计算出股权激励总量。

（3）业绩目标法。企业可将某一业绩目标带来的盈利总数作为基数，如果员工能完成业绩目标，则按比例将盈利中的一部分转化为股权授予员工。

2. 个量的确定

企业股权激励只有落实到个体上，才有实际意义，因此，企业必须考虑个人所获股权数量的具体方案。

确定股权激励的个体数量，主要有以下方法。

（1）调研法。将某一职位所能获得股权激励数量的市场平均水平，与企业内部该职位重要性差异进行综合考虑计算，获得结果。

例如，X 企业决定对研发部门负责人进行股权激励。经过市场和同业调研发现，该职位所获股权数量平均在 10 万股。考虑到企业急需该负责人领导完成一项重要的长期研发项目，企业决定授予其 12 万股股权。

（2）预定法。预先对激励对象的股权奖励设定总金额，在激励前，根据股价推算授予股权数量。

（3）模型法。设立价值评估模型、贡献评估模型，对不同激励对象评分，再按照评分占总分的比例进行股权分配。

5.2.5 定来源

非上市企业由于没有上市企业所面临的限制，用于股权激励的股份和资金来源较多。

1. 股份来源

非上市企业用于股权激励的股份有以下来源。

（1）原有股东转让，可能是大股东直接转让，也可能是不同股东等比例转让。

（2）企业预留。企业成立之初，为未来的股权激励预留的股份。

（3）增资预留。企业在增资扩股时，为未来的股权激励预留的股份。

2. 资金来源

某些模式下，激励对象需要投入对应资金，购买用于激励的股份。相关方案、合同中应明确资金来源，主要包括以下来源。

（1）员工自筹。企业可考虑让员工自筹部分或全部资金，用于购买股份。通常，让员工有所投入，他们才能真正主动关心企业。但如果资金压力过大，也可能导致员工不愿接受激励，股权激励无法产生效果。

（2）借款。非上市企业也可允许激励对象向所在企业或其大股东借款、贷款，以筹集购股资金。

（3）转化。企业可将员工年终奖或其他福利转化为购股资金。这种方式能解决员工购股资金来源问题，也能缓解企业的现金压力。但前提是企业必须提前与激励对象充分沟通，获取其认可。

5.2.6　定价格

价格是构成股权激励体系的重要单元，其中，关键的是企业与激励对象所约定的购买股份的价格。

确定价格时，非上市企业的选择较多，其可运用的主要方法如下。

（1）资产价值评估法。企业可对各项资产进行评估，了解现有总资产价值，再减去负债的价值总和，得到企业股权的公允市场价值。随后设定企业的总股本，再用公允市场价值除以总股本，即用于激励的股权授予价格。

（2）净现金流量折现法。净现金流量折现法，是对企业生命周期内整体现金流量价值构建模型的计算方法。企业可以科学预测未来各年度所获现金流量，再确定对企业和员工都相对合理的公允折现率，计算出用于激励的股权授予价格。

（3）市盈率定价法。企业可以直接模拟上市企业，采用每股收益乘以市盈率的方法，计算出用于激励的股权授予价格。每股收益、市盈率需要通过以下公式计算。

每股收益＝净利润÷年末普通股股份总数

市盈率＝普通股每股市场价格÷普通股每年每股收益

其中，净利润可根据企业上一年度的损益表、本年度损益情况进行预测。

（4）市场评估定价法。企业可以与本行业具有可比性的上市企业比较，根据这些企业的净利润、净资产、现金流量等指标，计算企业相关指标的价值比例。

随后，根据本企业的相同股价指标，推算本企业用于激励的股权价值。

最后，用于激励的股权总价值除以本企业总股本，即可得到企业用于激励的股权授予价格。

5.2.7　定性质

企业应向激励对象授予何种性质的股权？这一股权有何种法律意义或管理意义？这关系到"定性质"。

1. 不同类型企业的选择

企业类型不同，可选择的用于激励的股权的性质也有所不同。

（1）上市企业。可供上市企业选择的股权激励模式较少，目前《上市公司股权激励管理办法》只提供三种模式，即股票期权、限制性股票和股票增值权。实践中，大多数上市企业都采用股票期权模式进行激励，也有少数企业采用限制性股票模式，采取股票增值权模式的上市企业相对较少。

上市企业选择股权激励模式时，主要应考虑财务情况、奖惩力度和企业形象三方面。

财务情况方面，存在资金压力的上市企业，不宜采用限制性股票激励模式，应避免将每年提取奖励基金购买本企业股票作为激励内容。

奖惩力度方面，初次实施股权激励的上市企业，大多将创业团队成员设定为激励对象。这种情形下，更适合选择股票期权模式。其主要原因是该模式实施初期，激励对象并不需要付出任何现金。

企业形象方面，如果上市企业担心出现负面新闻，应考虑采取股票期权模式进行激励，避免采用折扣购股型限制性股票模式进行激励。这是因为股票期权模式主要通过未来股价和当下股价的价差实现，不会出现负面新闻影响企业形象造成股价波动的可能。

（2）非上市企业。非上市企业对股权激励模式拥有充分的选择空间，只要是不违背基本法律法规要求的模式，都能选用。

实践中，不同企业会根据不同目的选择股权激励模式。

例如，侧重让员工能分享到企业利润的企业，可采用虚拟股票模式，让激励对象能参与企业分红，享受股票升值的收益。

又如，侧重让员工成为企业股东，参与长远经营的企业，可采用赠与股票、计划购买模式，将重要的员工变成股东团队的一员，利用角色的转化，对员工实施激励和约束。

再如，侧重提升业绩的企业，可采用股票期权、认股权等模式，员工达到业绩目标后才能获得股票收益，以保证个人和企业共同利益的最大化。

2. 不同阶段企业的选择

企业发展阶段不同，用于激励的股权的性质也有所不同。

（1）初创阶段。初创阶段，企业资金紧张、人才缺乏，制度规范性不足，因此需要采用现金压力不大而有吸引力的股权激励模式，例如赠与股票、技术入股、期股等模式。

（2）发展阶段。发展阶段，企业需要正式健全治理结构和管理制度，也要考虑扩大激励对象的范围，激励力度则可适当减小。该阶段企业可采用股权激励、业绩股票、员工持股计划、延期支付计划、虚拟股票、股票增值权等多种模式。

（3）成熟阶段。企业进入成熟阶段后，股权激励的目的在于稳定现有管理团队中的骨干成员，可根据这一目标选择具体激励模式，如业绩股票、股票期权、延期支付计划等。

5.2.8 定机制

股权激励从设计到实施，是一个完整、系统的工程，在设计好各要素之后，企业还应形成配套的高效运行机制，确保股权激励顺利完整实施。运行机制主要包括激励对象的评价机制、股权激励的调整等。

1. 评价机制

股权激励的实施需要以公正评价为基础。一套科学完善的评价机制，能准确描绘激励对象完成的任务或业绩指标，确保股权激励准确实施。

评价激励对象时，主要应考核企业业绩和其个人业绩两大层面的表现，保证评价标准立体。其中具体的考核办法，包括评估报告、评级量化、目标管理、360度绩效考核、平衡计分卡等。

2. 调整机制

股权激励所形成的股权分配状态，不是永远不变的。经营实践中，企业需要进一步发展、融资或配股分红，授予激励对象的股权数量也需相应调整，才能发挥激励作用。

实施股权激励的过程中，如果激励对象出现调离、辞职等特殊情形，其股权激励资格和股权获取数量也需改变。对此，股权激励方案应事先规定，避免产生法律纠纷。

调整机制所针对的主要情形如下。

（1）股权正常变动。企业在股权激励方案中，应提前规定因除权、除息或其他原因而需调整股票行权价格、数量的方式和原则。

（2）企业重大事件变动。企业经营过程中，可能会出现并购、重组、出售等重大事件，股权激励方案中应提前设计相关的调整方式、原则和内容。

（3）人员退出变动。股权激励对象的退出，主要包括三种情况，即辞职、辞退或意外事件。股权激励方案应根据授予其股权的具体性质，设计对应内容。

例如，激励对象获得的是虚拟股权，无论其退出原因为何，都意味着激励方案作废。

又如，激励对象获得了实际股权，在等待期内离开，则激励方案也随之结束。但如果其过了等待期，而且业绩也达标了，则可以行权兑现。

5.2.9　定变化

企业不断发展的过程中，应遵循股权激励方案中的机制，对股权激励方案的实际内容加以调整。其主要变化包括数量和行权价格两方面。

（1）数量的变化。股权激励数量的变化，与企业的转增股本、派送红利、缩股、配股等行为有密切关系。

表 5.2-4 为股权激励数量变化的计算方法。

表 5.2-4　股权激励数量变化的计算方法

变化原因	计算方法
企业进行资本公积金转增股本、派送红利、股票拆细等	变化后数量＝原数量 ×（1+ 每股资本公积金转增股本、派送红利、股票拆细的百分比）

变化原因	计算方法
企业进行缩股	变化后数量 = 原数量 × 缩股比例
企业进行配股	变化后数量 = 原数量 × 配股股权登记日当日收盘价 ×（1+ 配股比例）÷（配股股权登记日当日收盘价 + 配股价格 × 配股比例）

企业应根据股权激励数量变化的原因，进行相应调整，确保股权激励方案的公平性。

（2）行权价格的变化。股权激励行权价格的变化，与数量变化的原因大致相同，并有相应的计算方式。

表 5.2-5 为股权激励行权价格变化的计算方法。

表 5.2-5　股权激励行权价格变化的计算方法

变化原因	计算方法
企业进行资本公积金转增股本、派送红利、股票拆细	变化后价格 = 原价格 ÷（1+ 每股资本公积金转增股本、派送红利、股票拆细的百分比）
企业进行缩股	变化后价格 = 原价格 ÷ 缩股百分比
企业进行配股	变化后价格 = 原价格 ×（配股股权登记日当天收盘价 + 配股价格 × 配股比例）÷［（配股股权登记日当天收盘价）×（1+ 配股比例）］
企业进行派息	变化后价格 = 原价格 − 每股派息额

企业在调整股权激励数量的同时，也应将行权价格调整的有关内容写入激励方案，并及时调整，避免产生争议。

5.2.10　定规则

在非上市企业中，股权激励方案的实施并不受到法律法规的具体约束，因此企业能灵活自主制定股权激励的相关规则。相比之下，上市企业的股权激励相关规则更加严格。

表 5.2-6 为股权激励的规则。

表 5.2-6　股权激励的规则

类型	上市企业	非上市企业
授予的规则	企业主体资格必须符合要求 激励对象资格必须符合要求	业绩指标达到内部标准，符合企业内部相关规定，激励对象能提供购买股权所需必要资金
行权规则	行权的前一年度，企业依据《上市公司股权激励管理办法》的规定，设定本企业的绩效考核指标（包括财务指标和非财务指标）	行权的前一年度，设定适用于本企业的绩效考核指标
不符合情形下的规则	如激励对象未能达成业绩目标，无法满足行权条件，则当期不得行权。 如激励对象达成业绩目标，但未能在行权期全部行权，则剩余股权应由企业注销或回购	

只有制定了股权激励的具体规则，企业才能确保股权激励实施的内部秩序性和外部合规性，保证其能发挥预想中的作用。

5.3　股权激励的 7 种方案及选择

意识到股权激励的重要性后，企业应更为慎重地根据激励对象的特点，选择合适的股权激励工具加以组合，形成股权激励的方案并保障其实施效果。

本节将重点介绍 7 种常用的股权激励方案，并介绍其选择依据和原则。

5.3.1　面对核心高层的激励机制 1：超额利润激励

超额利润激励，是指对企业核心高层设定相关业绩目标，在其达成目标并超额完成后，按一定比例为其分红的激励机制。

超额利润激励方案，能促进企业高管对利润的关心，他们会在这一方案的鼓励下在管理上投入更多精力，降低经营成本，提高经营收益。

例如，Y 企业对管理层核心成员提供了超额利润激励方案。表 5.3-1 为 Y 企业超额利润激励方案的内容。

表 5.3-1　Y 企业超额利润激励方案的内容

超额利润比例	激励内容
0 ~ 25%	奖励超额部分利润的 10%
26% ~ 50%	奖励超额部分利润的 15%
50% 以上	奖励超额部分利润的 30%

超额利润激励方案中的超额利润比例，可以按一个年度设定，也可以按多个年度设定。

5.3.2　面对核心高层的激励机制 2：在职分红激励

在职分红激励，是指针对某一类或特定职位的员工（通常为管理层），给予虚拟股权用于激励的激励机制。企业若采用在职分红激励方案，激励对象只能获得分红权。

企业选择在职分红激励方案时应注意以下事项。

（1）对象选择。在职分红激励的对象，应是能为企业未来发展发挥重要作用的核心管理层成员。

（2）不可叠加。在职分红激励，应针对具体的岗位，而不是针对具体的人员。如果存在一人同时负责多个岗位工作的情形，方案就应针对该激励对象进行特别设定，以确保公平。

（3）配套机制。在职分红激励，应与相应的系列评价机制配套使用。企业应将对岗位、员工的量化考核结果，作为是否授予在职分红激励的依据。

5.3.3　面对核心高层的激励机制 3：渐进式激励

在非上市企业中，针对核心高层的股权激励机制，可以采用"135"渐进式激励方案。

所谓"135"渐进式激励方案，即 1 年在职虚拟股权激励，3 年滚动考核转注册股，随后进入 5 年锁定期。

进入 5 年锁定期后，企业可以匀速发放股权。例如，当年向激励对象发放股权的 20%，第二年发放 20%，第三年发放 20%……在五年内发放完毕。当然，企业也可以选择加速发放的方法，在五年内按 5%、10%、15%、30%、40% 的方法发放完毕；或者采用减速的方式，即在五年内按 40%、30%、15%、10%、5% 的方法发放完毕。

5.3.4　面对业务团队的激励机制

业务团队在企业运营体系中扮演着冲锋陷阵的角色。通过业务团队的努力，企业才能开拓客源、占领市场，获得源源不断的利润。然而，不少企业仅仅拟采用单一的"底薪 + 提成"对其进行激励，导致业务团队成员的短期行为增加，诸如降价、铺货、窜货等问题迭出，企业的利润不仅没有增长，反而付出更多成本。即便情况并未如此严重，业务团队的员工激励、人才保留、目标落实等方面的难题，也始终制约着企业利润的增长。

企业对业务团队的股权激励方案，应尽量简单直接。企业应着眼于业务人员收益分配的公正公平性，选择不同的股权激励工具加以组合，确保激励效果能和个人业绩直接挂钩。通常情况下，企业大都选择超额业绩法。

超额业绩法，是指企业事先根据前一年的业绩、利润和财务情况，对业务团队设定合理的业绩指标作为基数，在业务团队实际完成业绩指标后，根据超额完成的情况，对利润中超出基数的部分，按不同比例进行分成，使业务团队成员能分享利润的激励方法。

例如，J 企业对其销售团队设定的业绩指标为 400 万元。如果团队全年完成的业绩超出业绩指标的 25%，即可获得 10% 的业绩提成。当年，该团队完成了 550 万元的业绩，超额部分为 150 万元，则企业拿出其中 10% 即 15 万元分配给该销售团队。销售团队负责人可以根据相关方案规定、销售业绩情况、客户回款情况等，在团队内进行具体分配。

在超额业绩法的激励作用下，业务团队完成的业绩越多，企业获利越多，其自身得到的奖金也就越多。由此，业务团队会一扫以往的各种问题，主动挑战更高目标。

采用超额业绩法时，企业应注意以下事项。

（1）多劳多得。如果预估业务团队的产量、销售量等业绩情况有较大提升空间，就应采用阶梯式的分配制度，即超出比例越多，分配给业务团队的提成比例就越大。

（2）多省多得。当企业面对的主客观环境不佳时，业务团队的产量、销售量等业绩情况提升空间相应减小，企业可以将考核目标转移到生产和运营成本上，即节约比例越大，分配给业务团队的提成比例就越大。

5.3.5 面对非业务团队的激励机制

在大多数企业中，业务团队和非业务团队必然存在不同的评价考核标准。管理层可以用销售额、市场占比去度量营销部门的业绩，但无法用这些数据直接评价人力资源部门、行政部门的业绩。在某些时间段，人力资源部门、行政部门对企业运营业绩改善的推动作用，甚至比其他团队更大。

大多数时间内，企业的非业务团队都扮演着内部服务者、组织者的角色，但他们依然有理由进入股权激励的大名单中。公平公正地对他们进行股权分配，才能充分体现其部门的整体价值。

非业务团队的股权激励需要从科学评估价值着手。企业应在对非业务岗位工作内容进行分析的基础上，采用一定方法，对这些岗位在各自部门乃至整个企业中的影响范围、职责大小、工作强度、难度系数、任职门槛、工作年限等特性，进行综合评价，确定非业务岗位在组织内部不同的价值。评价者可以根据非业务岗位平均价值，建立标准化的评价模型，随后对照不同非业务岗位的价值序列，最终全面完成量化评估。

在量化评估基础上，企业应将非业务团队自身业绩和企业整体业绩挂钩。非业务团队的主要工作，是向企业的业务团队提供服务支持而创造间接价值。当业务团队创造的直接业绩提高或降低时，非业务团队的业绩也应对应提高或降低。

5.3.6　面对企业合作商的激励机制

企业想要做大，不可能总是将希望寄托在新产品、新技术的研发上，也不可能仅靠市场营销策略的创新。企业必须通过多种方式，有效整合上下游资源，获得比竞争者更集中的优势。为此，企业需要积极把握优质合作商，利用股权激励，实现双方的资源共享、合作共赢。

例如，L企业经营酒类产品，拥有影响力较大的酒类品牌。在成功上市后，除了进行积极营销外，L企业还进行了面向经销商的股权激励。全国各地的经销商可以直接认购L企业推出的定向增发股票，当L企业经销业绩上升后，经销商即可从中获利。针对一些重点经销商，L企业给予其认购期权，使其避免承担风险，而直接从资本市场中获得实际利益。

股权激励将经销商与企业之间的利益，L企业彻底激活了行业下游，获得了良好的业绩增长。

即便是资源并不多的中小企业，如果善于分析合作商的利益需求，积极从中发现机会，也能利用不同的股权激励方式打造新的增长模式。其中，常见的股权激励方式有以下三种。

（1）横向平行激励。如果企业自身处于行业中游，可以和上下游合作企业共同持股，开办一个新的企业。这个新的企业可以成为股权激励的新平台，甚至可将之打造成上市主体，收购原来的企业。

（2）向下激励。如果企业自身处于行业上游，可以针对某个市场、某个产品，成立新的持股平台，面向行业下游的销售商进行股权激励。

（3）直接持股。企业也可以针对特定的供应商、经销商，分配虚拟股权，如期权等。这种情况下，供应商、经销商的贡献越突出，就能获得越多的企业股权。这将会让企业和供应商、经销商之间的关系更为紧密。

做好上下游股权激励，企业就不再只是单独面对竞争，而是能团结一切可以团结的力量，提升企业整体的能量级别。

5.3.7　面对企业"老人"的激励机制

在拥有一定历史的企业里，存在不同数量的创业团队成员。企业成立之初，他们做出了重要贡献，但随着企业发展壮大，他们逐渐无法发挥出同样的价值。无论从社会责任，还是从企业文化上看，企业都不能让他们一走了之。但如果让他们继续停留在原有职位上，又无法解决新老更替问题。为此，企业需要设计专有的股权激励机制。

F企业是某省著名的电动车企业，其董事会近期开始准备上市，但对总经理陈总的安排却出现了争议。

多年来，陈总跟随董事长经营企业，F企业能从当年的小厂，做到行业前列，陈总功不可没。但问题是陈总多年来始终钻研产品和市场，在金融资本、公共关系、企业现代管理等方面知识不足、能力不够。董事会最终决定在上市前更换总经理，请更适合操作上市的职业经理人接替。

专业咨询团队为陈总打造了对应的股权激励方案。该企业关键核心成员有5人，其中核心人物是陈总。因此，企业决定在原有超额利润股权分红体系的基础上，给予这5人限制性股票。限制条件是：按之前的股权激励方案，企业达到业绩目标后，陈总能拿到100万股股票，并在授予之日即得到分红权。但真正能行权的时间，限定在企业上市2年后，且陈总必须在上市前不再担任总经理，而是担任董事会董事。

通过这一激励方案，陈总不再担任总经理，但收获了企业将近5%的股份，而且在企业上市后其收益倍增。因此，他即便担任企业董事，也会尽心尽力，从企业长远利益角度出发分担工作。

对于企业"老人"，限制性股票确实是良好的激励方式。老员工在得到激励性股票后，不得随意处置股票，必须在规定条件实现后才能出售并获益。否则，企业就有权将股票收回或回购。限制性股票不仅能换取老员工的"让位"，还能保证他们在"让位"后继续奉献，和"在位"时一样关心企业发展，尽心尽力付出，提升企业的长远价值。

5.4 股权激励的常用工具及选择

企业为有效激励不同员工，需要积极运用股权激励工具。如何在主流股权激励工具中进行科学选择，企业管理者应慎重思考。

5.4.1 股票期权

股票期权，是指购买股票者达到条件、交付费用后，即取得在合约规定的到期日或到期日前按协议价买入或卖出一定数量股票的权利。

股票期权由于存在约定行使价格，能统一被激励者和股东的利益，企业也因激励对象购入股票而获得现金。同时，激励对象在行权期内具有一定的自主控制权。

股票期权的缺点，在于企业一旦增发新股兑现期权，股东权益会被稀释。同时，在激励对象行权时，企业可能面临资金压力。

5.4.2 期股

期股是指企业同被激励者协商确定价格后，被激励者在任期内可采用各种方式获取适当比例的本企业股份的股权激励工具。

购买期股的资金有多种来源，包括个人出资、贷款、特别奖励以及与之相关的延迟支付部分。因此，被激励者无须一次性支付过多费用。由于期限的存在，被激励者想获得利益，就必须经营好企业，这也解决了短期激励行为带来的员工收入差距过大的矛盾。

期股也存在缺点。例如被激励者可能无法短期获益，这会影响激励效果，增加被激励者的风险。

5.4.3　限制性股票

限制性股票，是指被激励者达成股权激励方案中所列出的具体条件后，即可获取企业股票，但其转让、抵押等部分的权利均会受到限制的股权激励工具。限制性股票在未解除限制前，无法进行转让或部分不能转让。因此，被激励者必须在企业工作一定年限或达成一定业绩目标后，才能出售或处置限制性股票并获益。

限制性股票能充分吸引员工留任，并确保员工和股东利益的一致性。通常情况下，限制性股票不需要被激励者投入资金。但给员工授予限制性股票后，有可能导致股东权益被稀释。如果企业采用回购的方式进行限制性股票激励，也可能发生现金流出。此外，企业采取这一激励方式，还需要完善的绩效评估规则作为支撑。

5.4.4　虚拟股票

虚拟股票是企业向被激励者发放的无代价股票，被激励者可按照虚拟股票数量，参与企业利润的分配。

虚拟股票与普通股票的股权不同。虚拟股票持有者只能享受分红权益，而不能享受其他普通股的权益，如表决权等。因此，虚拟股票持有者更关注企业的经营状况和利润情况。

虚拟股票的优势，在于其不影响企业总资本和股本结构，被激励者也无须投入资金。其劣势在于企业需要以现金进行激励，被激励者可能为了获取更多分红，而只关注企业短期利益。

5.4.5　股票增值权

股票增值权是虚拟股票的特殊形式。当被激励者获得股票增值权，并在一定时期内达到预定的业绩目标时，他们即可按企业规定的股票价格（行权价格）和实际市场价格的差价，取得增值收益。

采用股票增值权激励方式，在大部分情况下企业股票价值不会受影响，且被激励者也无须投入资金，并与具体股票无关。其劣势是，员工绩效和股票的市场价格往往并没有直接关系，因此员工的被激励感将会受影响。

5.4.6　业绩股票

被激励者达成事先约定的业绩目标后，企业将普通股票支付给被激励者，该股票被称为业绩股票。

在具体操作中，企业每年先对激励对象加以考核，如激励对象完成考核则能获得股权。业绩股票对应的股权只包括按股份数量对企业利润的分配权，不具备其他权利，股权也无法转让和出售。

业绩股票除了灵活方便、无须投入资金外，更重视和绩效指标的关联性，能促进企业短期目标和长期目标的结合。

采用业绩股票激励方式，需要建立完善的绩效评估体系，如果评估指标设计得不合理，就可能导致激励不科学的问题。

5.4.7　干股

干股，是指企业经营过程中，企业股东按协议向非股东赠与的股份。干股不需要持股人付出资金来获得，持股人也只拥有分红权。企业盈利则干股持有人获得分红，企业亏损其也不会遭受损失。

干股通过赠与协议发放，其具体内容和地位，要受到赠与协议内容的制约。员工可以是因为个人工作贡献而取得干股，也可以是因为掌握其他重要资源而取得干股。

5.4.8　管理层收购

管理层收购，是指企业的管理层购买本企业股份或股权，以此改变企业股权、控制权结构，并重组企业，获取收益。管理层收购是一种重要的激励方式，通过让企业现有管理团队变换角色成为所有者，实现了多方利益的一致。

管理层收购的主要激励对象是企业的经营团队，他们对企业相当了解，也有能力提升业绩。

管理层收购，能避免其他股权激励中股票来源的限制，管理层和其他员工也能个人出资认购股份，确保了激励的公平公正。管理层收购的股份价格比企业每股净资产价格更高，容易获得相关监管部门的认可。

由于管理层个人自有资金有限，其收购企业的资金通常来自贷款，企业可以利用资产担保或保证的方式，确保实现融资。

5.4.9　员工持股计划

员工通过持有企业的期权或其他激励股权获得分红的激励方法，称为员工持股计划。

员工持股计划通常需要激励对象出资购买企业的股权或股票。有些企业也在员工达成业绩条件后赠与其股权或股票。企业大都利用特定的员工持股平台对这些股权进行管理运作，并由员工持股平台代表员工参与股东会和董事会的表决。

员工持股平台具有一系列优点。例如，员工既是股东，又是劳动者，其工作意愿大大提升。员工持股，有助于丰富企业股东构成，促进企业管理层更好地了解基层运作状况。员工持股也能实现企业的筹资、扩张，并防止外界的恶意收购。

员工持股计划更适合经营状况良好的企业，对于经营状况不好的企业意义不大。员工持股计划也有可能造成增加员工管理和激励成本，不利于外来人才的引入。

5.4.10　延期支付计划

延期支付计划，是指企业将被激励者应得薪酬的一部分（年度奖金、股权激励收入等），按当日企业股票价格折算为对等数量的股票，存入为其设立的延期支付账户，当预定期限届满时，以股票的市场价格，以现金的方式将所有延期股票支付给被激励者的一种激励方式。

延期支付计划的优点在于其与激励对象的紧密关联性。激励对象想获得收益，在延期期间就要投入工作、认真经营企业，以通过届满后股票价格上升形成的价差获利。否则，其利益就会受到损失。这一方式有效避免了激励对象的短期行为，有利于长期激励，并减少企业在短期内的现金流压力。

延期支付计划的缺点，在于延迟支付的激励额度通常较小、时间较长，不容易产生短期实现的激励效果。

案例　华为的虚拟受限股

正如在讨论合伙人制度的时候，提到阿里巴巴的"湖畔合伙人"一样，在研究股权激励模式时，华为的虚拟受限股也是有价值的话题。

1987 年，任正非与 5 位合伙人南下，创立华为技术有限公司（以下简称"华为"），当时的注册资金仅为 2 万元，并且由 6 位股东均分股份。

在电信这样的技术密集型行业里，人才是企业的核心竞争力，但这类人才的流动性较大。为了留住人才，很多企业开始实行股权激励，华为也不例外。从 1990 年开始，华为允许员工以 1 元每股的价格认购公司的股票，除华为员工外，合资公司的员工也可以认购股票。所有认购股票的员工都会收到由华为颁发的持股证明书。在 1990 年的时候，华为股票 1 元每股的价格还是非常诱人的。公开资料显示，1993 年华为每股净资产为 5.83 元，1994 年每股净资产为 4.91 元，但华为 1 元每股的认购价格一直持续到 2001 年。华为的这种模式让华为融得了大量的资金，解决了企业初期发展的资金难题。

各种各样的股权激励模式在今天看来是司空见惯的事，但在那个年代还属于新鲜事物，各项制度建设还处在摸索中。自 1997 年开始，华为对自己的股权架构进行了改制。在改制前，华为及其子公司华为新技术公司的 1 000 多名员工共同合计持有公司 100% 的股权。改制后华为的股份由华为新技术公司及其工会、华为工会分别持有 5.05%、33.09%、61.86%，并且华为将其改制方案汇报给了深圳市相关部门。另外，根据改制方案，两家公司员工的持股全部由工会集中管理并代为行使股东权利。

在华为的制度设计中，员工退休或者离职的时候，不是按照当时的每股净资产回购股票，而是按照 1 元每股的价格回购，这也为华为带来了几场官司。在 2003 年的时候，华为的离职员工刘平和黄灿将华为告上法庭，其中一条理由就是华为按照 1 元每股的价格回购股票不合理，离职员工应当按照同股同权的原则享受公司的增值利益。

虽然最后法庭以股份未经工商登记和双方持股合同有明确约定为由，驳回了原告对华为公司的诉讼请求，但是这场官司引发了企业界和法律界的广泛讨论。大家认为，这场官司的认定，意味着员工与公司之间只是合同的关系，而非股东与公司的关系。华为的所谓"员工持股计划"中，员工所持的并不是公司的股份，而是一种虚拟股票，一种分红的权利。

其实，早在这场官司之前，华为已经悄悄地完成了员工持股"由实转虚"的过程。1997 年的时候，华为与华为新技术公司的股东会决议将员工所持股份由工会集中管理；到 2000 年的时候，华为董事会决定将华为新技术公司持有的股份也并入华为工会，并且决定将任正非所持有的 3 500 万股单独剥离，经工商登记为持有 1.1% 的股份，任正非的独立董事地位得到确认。自此，任正非与华为工会并立的股权结构延续下来。

事实上，在华为的虚拟受限股模式下，员工享有的只是股票的分红权和增值权，并不享有普通股股权，维系公司和员工之间关系的其实是合同。

到 2008 年后，华为对自己的虚拟受限股模式进行了微调，实行饱和配股制，就是规定不同级别的员工的持股上限，当达到限额之后就不再配股。这样做的好处就是对新进的员工能起到激励作用。因为，华为发现部分员工在持有大量股份之后出现了"懒人"现象，与公司"奋斗者"的价值目标不再匹配。

华为股票的收益巨大，据华为心声论坛上的员工预测，在 2000 年投资的华为股票，十年间的收益增长达到惊人的 15 倍！华为也通过增发虚拟股票的形式为公司赢得了大量的投资。2004 年至 2022 年，华为员工通过购买虚拟股票为华为增资超过数百亿元。

华为在探索虚拟股票激励的路上从未停止过脚步，2013 年之后，华为又推出了

"时间单位计划"（TUP）。简单概括 TUP 就是：公司根据员工的岗位、级别、绩效等因素，分配给员工一定的股票期权，并采取"递延＋递增"的方式，在第五年的时候分红并结算增值收益，然后这一期的 TUP 就失效。但是期限为 5 年的股权激励只能说是短期的股权激励，与公司长期发展的捆绑力度不足，并不适合与公司长期共同发展的"奋斗者"。所以，TUP 与虚拟受限股模式配合，解决了长期激励与短期激励之间的矛盾，共同推动着华为的发展。

通过华为的虚拟受限股模式，我们可以发现，实践中有很多种股权激励模式：有的是实股授予（比如联想集团），让企业员工成为企业的所有者；有的名为"员工持股计划"，但员工实际所持的并不是企业真正的股票，而是虚拟性质的股票。虚拟受限股这种激励模式的好处在于不影响企业的总股本和股权结构（因为持股员工并不是企业的股东，也无须进行工商登记），并且员工也不需要出资（或者需要少量出资）。

企业应当根据自己的战略目标需求和企业的发展特点等各方面的因素，选择一种或者组合选择多种股权激励模式。

案例　A 公司股票期权激励实例

A 公司从事白酒酿造业务二十余年，在业内建立起了良好的口碑。近年来，由于国家针对白酒行业制定了宽松的产业政策和税收政策，整个白酒行业进入上升期，白酒产量供过于求，市场竞争更加激烈。

A 公司的定位是生产低端白酒，但这一时期大量资本涌入低端白酒市场，使得 A 公司原有市场份额不断被瓜分，严重影响了 A 公司的产品销量。

在艰难的市场形势下，A 公司召开股东大会会议商讨下一步的营销策略。会上，股东一致认为目前全行业正处于快速上升阶段，而且 A 公司具有一定的品牌积淀，可以借此机会打入中端和高端白酒市场；由于中端白酒市场大幅放量前景较好，企业发展重心应以中端白酒市场为主，而进入高端白酒市场的目的是实现外延式扩张和内在价值提升。

为迅速抢占市场，激发一线销售人员积极性，提高开拓效率，公司股东大会一致决定采取股票期权激励模式给予高管和核心市场人员激励。

以下为 A 公司股票期权激励方案的草案。

（1）向激励对象定向发行 4 800 万股股票期权，其中董事长林先生占股 10%（480 万股），总经理张先生占股 10%（480 万股），董事、监事和其他高管占股 70%（3 360 万股），其他人员占股 10%。

（2）行权价格为 13 元/股。

（3）2018—2020 年分年度进行绩效考核并行权。2018 年，考核目标为每股收益大于或等于 0.2 元，净资产收益率大于或等于 10%。2019 年和 2020 年，考核目标为净利润同比增长 30%，净资产收益率大于或等于 10%。

此草案最终未获批准，原因是 A 公司股价若由最初的 13 元，涨至 2020 年的 60 余元，股价过高，此时激励对象若以低价行权，难以保障中小股东的利益。而且该方案对原股东股权的稀释比例过大，对公司股权架构的稳定性具有一定影响。

在修订后，股票期权激励方案调整如下。将原先的 4 800 万股调整为 3 600 万股，激励股票占总股本的比重由 3% 降为 1%，并采取定向增发的方式，将原先的激励对象更改为管理层和骨干员工等 113 人，将有效期由十年改为五年，并且明确了募集资金的使用去处。

激励方案实施初期，一线销售人员动力十足，积极开拓市场，A 公司在与各品牌的竞争中逐渐建立优势，公司业绩持续稳定增长，并有望在未来几年内实现更快速的增长。在激励方案实施的第二年，受行业影响，五、六月份 A 公司股票价格下跌，最低时甚至跌到行权价格以下。此时部分核心骨干成员动力消退，对公司的股价持看跌态度，认为股票期权的激励方案保障不足。因为他们认为这种激励方式虽将员工的报酬和公司的长期利益捆绑在一起，但当市场波动的时候，员工缺少分红、奖金等奖励，甚至一些基本保障都难以实现，很大程度上打击了员工的积极性。

A 公司意识到原激励方案的不足之处，为了使员工将外部激励与约束的观念转变为自我激励与约束，A 公司决定在原激励方案的基础上进行调整，其中最主要的调整是将原先 90% 的高层份额调整为 60%，划出更大的比例用于激励一线销售人员。另外，A 公司为了增强员工信心，减小公司在行权兑换时的资金压力，对资金结构进行了相应调整，确保员工在行权期间可以及时兑换股票。通过调整，A 公司在所有员工的努力下，克服了行业波动带来的影响，继续保持业绩增长的趋势。

在该案例中，A 公司在发展的关键阶段使用了股票期权的激励方式，有利于激发核心员工积极性，增强核心员工归属感，对于公司的发展具有长远意义。

但需要注意的是，A 公司的激励方案行权条件较为宽松。从长期来看，这种宽松的行权条件容易使员工懈怠，尤其是在公司高速发展阶段，核心员工认为目标接近达成，很容易产生坐享其成的心态，从而影响公司长期发展。

为了避免出现以上情况，企业在使用股票期权的激励方式时，对于激励对象和行权条件要有严格的标准。另外，定向增发股票会导致股东权益被稀释，因此企业需要切实保障中小股东的利益。

案例　H 公司员工持股计划

随着消费者对新能源汽车的接受度越来越高，汽车厂商纷纷瞄准了国内新能源汽车市场。H 公司为国内知名的新能源汽车生产厂商，由于进入市场较早，市场渗透率达到了 40%。但随着越来越多的竞争者出现，H 公司出现了大量员工跳槽的现象。

H 公司对此深入调查，发现其他汽车厂商为挖人而将薪酬水平设定为略高于 H 公司。为留住公司人才，增强员工积极性，激发员工的创造力，H 公司高层召开多次会议商讨激励方案。

H 公司员工众多，大部分激励方案容易给公司造成资金压力。在综合各方面考虑后，H 公司决定使用员工持股计划对中高层管理人员及核心骨干员工进行激励。

2020 年 3 月，H 公司发布公告称，为激发员工积极性，推动企业持续稳定发展，决定正式对激励对象使用员工持股计划的激励方式，激励对象不超过 1.5 万人，股票受让价格为 0 元／股。这意味着激励对象只要完成了绩效考核，无须出资便可拥有公司股票。

H 公司"股权零元送"的激励计划在市场上引起了热议。虽然目前新能源汽车市场竞争激烈，但 H 公司仍处于优势地位，总体的市场营收仍在增长，因此持有股票对于员工来说具有很强的激励性。

一周后，H 公司再次发布公告称拟回购 20 亿元股票用于员工持股计划。股票分配比例如下。18 位董事、监事、高级管理人员合计拟分配股票份额为 8%。按照 20 亿元回购金额测算，这 18 位董事、监事、高级管理人员只要达成绩效目标，就可获得价值 1.6 亿元的股票，其他员工可获得价值 18.4 亿元的股票。

H 公司在制定员工持股计划时，不仅设置了公司业绩考核目标，还设置了员工个人业绩考核目标，以免出现员工坐享其成的情况。

针对员工持股计划，H 公司设置了三个解锁期。一般公司的解锁为当年、次年年中、次年年末，但 H 公司考虑到此次市场竞争将决定公司命运，为了公司的长久发展，将解锁期设置为员工受让股票之日起满 12 个月、24 个月、36 个月，每期的解锁比例为 20%、40%、40%。这三个解锁期对应的业绩考核目标分别是，2020 年的营业收入增长率大于等于 20%、2021 年的营业收入增长率大于等于 30%、2022 年的营业收入增长率大于等于 40%。

员工持股计划的激励方式可以将员工利益与公司利益紧密地捆绑在一起，对于经营状况良好但急需突出重围的 H 公司来说再合适不过。员工持股丰富了公司的股份构成，可以有效避免竞争企业的恶意收购。在员工持股计划中，H 公司考核的标准是营业收入增长率，20%~40% 的营业收入增长率充满挑战性，但只要众人齐心，一定可以完成目标。

往年的财务资料显示，H 公司 2017—2019 年的营业收入增长率分别为 6.32%、15.63%、-1.41%。H 公司通过建立具有挑战性的增长目标和较长的解锁期，促进了公司和员工之间的正向联动，有利于推动公司发展目标的实现。

截至 2022 年年初，H 公司的员工持股计划已实施了两年，随着市场需求逐渐回暖，员工持股计划使得员工与公司互利共赢。在所有激励对象的努力下，H 公司股票价格趋于稳定，营业收入也实现了连年增长，公司前景一片大好。财务资料显示，H 公司 2020 年营业收入增长率为 26%，2021 年营业收入增长率为 39%，已满足了前两个解锁期的解锁条件，因此激励对象可以拿到相应的股票份额。

值得一提的是，H 公司回购股票时使用的资金全部为自有资金。2020 年年初，H 公司受新冠肺炎疫情影响，其上下游供应链无法及时供货，导致 H 公司多条生产线停工，H 公司股票价格出现明显回落，从最高 220 元跌至最低 170 元。H 公司在此时回购股票不仅可以降低回购成本，还能提高股价的稳定性，是个一举两得的措施。

第 6 章

股权激励（2）：效果评估，因地制宜

有效的股权激励，能培养企业员工的主人翁意识，使他们将自身利益与企业利益有效捆绑，树立"企业好就是自己好"的主动意识，在工作中更有干劲。有效的股权激励不但能让员工获得实惠，也能促进企业的发展。

企业的股权激励模式，也需要参考企业的规模、员工的贡献度等，因地制宜地制定。如果股权激励策略不当，将会挫伤员工积极性。

6.1　股权激励的效果评估与控制

晋商票号叱咤近代中国金融流通领域，其原因在于晋商票号普遍采用了近代版的股权激励——人身顶股制，即员工不出资金，用个人劳动力顶股份，与东家一起分红。人身顶股制造就了晋商票号的辉煌。

今天的企业，有必要学习前人，对股权激励的效果评估与控制进行深入反思和学习。

6.1.1　股权激励效果评估的 3 大指标

股权激励能否收到应有的积极效果？从企业角度出发，主要是看企业的盈利能力、偿债能力和发展能力 3 大指标。

（1）盈利能力。企业盈利能力是指企业获取利润的能力。利润，是企业股东获取投资利益的资金来源，是企业经营者管理水平的集中体现，也是企业员工工资收入和福利政策的重要保障。

判断企业的盈利能力，可从净资产收益率、销售利润率等指标进行分析。如企业实施股权激励后，这些指标较之前稳定持续地增长，即可对股权激励的效果给予肯定的评价。

（2）偿债能力。偿债能力主要指企业用自身资产偿还长期或短期债务的能力。企业是否具有偿债能力，影响着债权人对企业发展信心的强弱，也是企业能否健康生存和发展的关键。偿债能力也是反映企业财务状况和经营能力的重要指标，如资产负债、资本周转率等指标，均可用于对企业的偿债能力作出评价。适合企业发展的股权激励方案，能提升企业的偿债能力，有利于企业的长远发展。

（3）发展能力。发展能力，是企业通过不断进步创新、扩大规模并占据市场份额形成的发展潜力。发展能力反映企业的成长性，可通过营业收入增长率、净利润增长率、资产使用效率等指标来评价。图 6.1-1 为股权激励效果评估的 3 大指标。

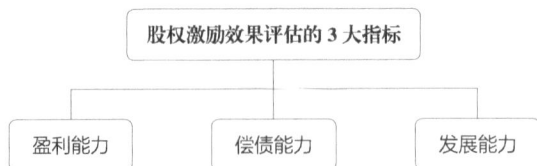

图 6.1-1　股权激励效果评估的 3 大指标

有效的股权激励措施，能帮助企业留住关键核心人才、提高创新能力、提升业绩、巩固市场地位，增强未来的发展能力。

6.1.2　如何拟定股权激励书

拟定股权激励书，即制定适合企业发展需求的股权激励方案。为了让股权激励效果更出色，必须对股权激励书的拟定提出更高要求。

（1）背景调查。对企业的具体信息了解不足，会导致股权激励方案产生适用性或执行性不强等问题。为使企业的股权激励方案达到预期效果，需要在制定方案前，对企业做详尽的背景调查，尽可能全面地掌握企业运营的信息。

在背景调查中，必须清晰梳理企业的股权架构。合理的股权架构，是企业科学发展的前提，也是股权激励所要达成的目标和状态。

（2）确定股权激励对象。实施股权激励时，可利用的资源有限而复杂，股权激励的覆盖范围，既会影响其能否顺利实现，也会影响其长期效果。因此，给予哪些人股权激励，考验着企业所有者、管理者的智慧。

企业所有者、管理者应多维度、多方面地筛选出贡献大的员工，并结合员工的岗位、任职年龄、业绩等因素判断其未来价值，合理确定激励对象。

（3）选择股权激励工具。常用股权激励工具有股票期权、限制性股票、虚拟股票等。企业选择股权激励工具时，要综合考虑企业的资本架构、股权架构、激励的对象和范围、企业的内部平衡、外部的政策限制等因素。

合格的股权激励书，包含目标、时间、对象等 10 大要素，同时还应辅之相应的配套协议和制度，并考虑到后续的管理问题，为相应的评价和退出机制预留空间。

6.1.3　如何落实、控制、修正股权激励方案

在制定股权激励方案后，企业需要将其落实并加以控制和修正，使之不偏离方案的激励初衷。

（1）建立管理机制。股权激励方案的管理机制，主要用于解决股权激励谁说了算、谁来管的问题。企业可成立相应的薪酬与考核委员会拟定股权激励方案，由董事会确定激励对象的入选资格，并审议具体的实施方案后交股东会批准。

企业总经理根据股东会决议所确定的激励对象入选资格，筛选出拟激励对象并提交董事会审议。股权激励实施的具体日常事务，则由秘书处办理。

（2）健全考核体系。考核是为明确企业的战略目标，落实员工的责任，实现"能者上、庸者下"的激励目的。考核也能为股权激励的退出机制，留出有效接口，以实现股权激励的动态平衡。

企业可设置销售额、利润率、回款率等考核指标，并划分各指标的权重，通过公平公开的机制，定期开展考核工作，作为股权激励方案动态调整的依据。

（3）完善激励措施的调整和退出机制。股权激励机制并非一成不变，而是随着激励对象、激励工具而变化的。当激励对象的岗位发生变化时，激励措施也要适时变化。当企业引进新的投资人或者业务、技术骨干时，也要根据方案匹配相应的激励措施。对于员工退休、离职或者被辞退、开除等特殊情形，企业的股权激励方案应"事先有约定、事中有措施、事后有总结"。

6.2 不同类型企业的股权激励方案

没有一成不变的股权激励措施和策略，也没有放之四海皆合适的固定股权激励模式。影响企业股权激励策略的因素有很多，企业类型是其中一个重要的因素。

6.2.1 初创企业如何做好股权激励方案

初创企业的新技术和新产品没有被市场完全接受，同时面临着资金少、人员少、市场份额小、企业管理相对不完善等问题，生存是其主要的关注点。初创企业对核心技术人员和业务骨干的依赖程度较大，实施股权激励有利于留住关键人才，促进企业发展。

因此，初创企业要想做好股权激励方案，应当从激励对象、激励工具、股权控制等方面下功夫。

（1）激励对象。初创企业处于起步阶段，虽然具有资金少、人员少的缺点，但其受到的束缚也较少，企业关键人才的一个想法，很可能为企业带来巨大的收益。苹果公司正是在乔布斯的带领下，坚持创新，逐步发展为全球商业巨擘。由此可见关键人才对于初创企业发展和成长具有巨大的作用。

初创企业在制定股权激励方案的时候，要以关键人才为重点，不仅要在情感上留人，更要在待遇上留人。企业要使关键人才明白其个人利益与企业利益属于共同体，留在企业，不但能发挥自己的专业特长，还能在未来收获巨大利益，以此坚定其为企业拼搏的决心。

（2）激励工具。受制于资金较少的境况，初创企业可在企业控制权不旁落的情况下，通过虚拟股票、限制性股票、员工持股计划等股权激励工具，有效达成股权激励目标。

期权类的股权激励工具，能缓解企业初创期资金不足的难题，并产生长久的激励效果。期权将企业前景与员工个人未来利益紧密联系，促使员工努力工作，以在未来获取巨大的收益。

（3）股权控制。初创企业制定股权激励方案时，应考虑到创始团队对于企业股权的相对控制需求。创始团队的相对控股，不仅在于体现创始团队的作用，更在于为后续资方合作提供基础。由于初创企业更强调人的作用，更追求未来的确定性，资方也就更倾向于与股权架构清晰、创始团队相对控股的初创企业合作，这样能最大限度地避免企业内耗带来的风险。

初创企业股权控制中，存在"415"原则。其中，"4"即创始团队人数不能太多，最好不超过 4 个人，人多了容易拉帮结派，产生意见上的分歧；"1"就是应有一个带头人，这个人是初创企业的灵魂人物，能在关键问题和发展方向上为企业决断；"5"就是带头人应占有企业 50% 或 67%（含）以上的股权，在企业有话语权。

图 6.2-1 为初创企业的股权激励方案。

图 6.2-1　初创企业的股权激励方案

从图 6.2-1 可以看出，初创企业的股权激励方案在激励对象、激励工具和股权控制等方面都有自己的特点。此外，初创企业的股权激励方案，还要为未来股东、资金、资源进入企业留有空间。此时，可以考虑建立期权池，由大股东或者所有股东按比例代持股权，等有新的资源加入时，再将该部分股权导出并分配。

6.2.2 中小企业如何选择股权激励方案

不同于初创企业，中小企业在规模上已获得一定发展，在市场中占有一定份额，有着层级相对分明的中高层管理人员，企业营收有着相对的保障，正逐渐走向规范化和正规化。因此，中小企业的主要任务是将企业进一步做大做强。

在发展过程中，部分中小企业会遭遇瓶颈期：企业员工积极性下降，企业业绩很难有大的突破，治理结构和管理制度越来越跟不上市场的要求，亟须通过股权激励的方式实现质的突破和飞跃。

（1）激励对象。中小企业的发展，更注重企业治理结构的改善，更注重发挥管理型人才的作用。科学完备的治理结构、优秀成熟的管理团队，能为中小企业带来质的变化。因此，中小企业选择股权激励对象时，要多考虑管理人才，以促进企业的内部管理机构完善。对于企业的核心技术人员等，企业也要给予相应的股权激励，但其力度可能较初创企业小一点。

（2）激励工具。中小企业可使用的股权激励工具，包括业绩股票、延期支付计划、员工持股计划等，这些股权激励工具能最大限度地调动各层级员工的积极性。其中，管理层获得较大的股权期望，则更能与企业结成利益共同体，自觉为企业的战略目标而奋斗。

广州某商贸企业，创业初期，加上创始人总共才十来个员工，他们每日废寝忘食奔着共同目标而努力。艰苦奋斗中，企业经营渐渐走上正轨，员工数量增加到一百多人，营收由每月十几万元飙升到一百多万元。但创始人李总发现，企业规模壮大了，但员工的干活积极性却下降了。李总思前想后，"是不是因为给大家的薪酬太低了"，于是他大幅增加了员工的薪酬。一开始，整个企业的员工都欢欣鼓舞，但过了两个月，又都恢复到了以前的状态。

李总痛定思痛，聘请专业人士对企业运营状况进行梳理，最终确定了股票期权＋虚拟股票的激励模式。之后，企业的面貌焕然一新，业绩节节攀升，现在已经开始为上市做准备了。

一些企业的创始人将股权看得过重，认为企业今年赚了1 000万元，如果其占百分百的股权，就能独占这1 000万元的利润。殊不知，哪怕他们仅将10%的股权利润拿出来，分给企业团队内的优秀人才，企业未来就可能获得3 000万、5 000万元的利益。

中小企业必须懂得股权激励的重要性，并正确分配股权。即便这可能将使企业所有者的股权份额减少，但由此带来的绝对利益，也会开启企业的发展之路。

6.2.3 上市企业如何做好股权激励

因涉及公众利益，上市企业的股权激励模式有严格的法律规定。为此，上市企业在设置股权激励方案的时候，一定要考虑到是否合法合规。

1. 股权激励工具

根据《上市公司股权激励管理办法》的规定，上市企业可选择的股权激励模式有股票期权、限制性股票和股票增值权三种模式，并要经过证监会的备案批准。从实践情况来看，选择限制性股票模式的上市企业占半数以上。

2. 股权激励对象

一般而言，股权激励对象包括管理层、核心技术人员、业务骨干和优秀员工等。非上市企业的股权激励对象没有特别的法律限制，而上市企业的股权激励对象要符合《上市公司股权激励管理办法》的规定。

（1）上市企业的董事、高级管理人员、核心技术人员或核心业务人员，以及企业认为应当激励的其他员工可以成为股权激励的对象，但不包括监事和独立董事。

（2）单独或者合计持有上市企业5%以上股份的股东或实际控制人及其配

偶、父母、子女，不得成为股权激励的对象。

（3）下列人员不得成为上市企业股权激励的对象：最近12个月内被证券交易所、中国证监会及其派出机构认定为不适当人选；最近12个月内因重大违法违规行为被中国证监会及其派出机构行政处罚或者采取市场禁入措施；具有《公司法》规定的不得担任企业董事、高级管理人员情形的；法律法规规定不得参与上市企业股权激励的；证监会认定的其他情形。

此外，国有控股上市企业的独立非执行董事不得参与企业的股权激励计划。上市企业的母公司负责人在上市企业任职的，可以参与股权激励计划，但只能在一家上市企业参与。

6.2.4 离岸企业如何做好股权激励

离岸企业，是指在离岸管辖区内依照当地法规成立的企业（包括有限责任公司和股份有限公司），著名的离岸管辖区有英属维尔京群岛、开曼群岛、巴哈马群岛等。离岸企业的特点，在于投资人无须亲临当地便可以在全球开展业务。此外，离岸企业还具有保密程度高、税收负担轻、外汇管制少、法律规制少等特点，我国的一些企业通过设立离岸企业实现了在海外上市的目的。图6.2-2为离岸企业的主要特点。

图 6.2-2　离岸企业的主要特点

境内个人参与境外上市公司的股权激励计划，要做好合规性登记。《国家外汇管理局关于境内个人参与境外上市公司股权激励计划外汇管理有关问题的通知》（汇发〔2012〕7号，以下简称7号文），对境内个人参与境外上市公司股权激励计划，包括外汇登记手续到变更注销的操作规程，都作出了完整规定，成为股权激励资金回境和外汇结算的重要依据。

现有外汇管理体系下，中国籍自然人在境外融资上市架构中持有股份的，则需要按《国家外汇管理局关于境内居民通过特殊目的公司境外投融资及返程投资外汇管理有关问题的通知》（汇发〔2014〕37 号）办理登记。

案例　上市企业如何做好股权激励

A 公司是显示屏制造厂家，经过多次股权架构改革和公司治理结构改进，于 2008 年在 A 股上市。A 公司在上市以来，实施了多次配股、送股和公积金转增股本。截至 2018 年，A 公司的股本总额为 10 亿元人民币，其第一大股东为 B 公司，持股比例为 20%。

为激励公司的中高层管理人员，将公司利益与管理层利益捆绑在一起，促进公司持续稳定发展，A 公司决定于 2018 年开始，对中高层管理人员进行股权激励。在此次股权激励方案中，股票主要来源于第一大股东 B 公司，B 公司承诺划出其所持股份中的 2%（即 4 000 万股）用于股权激励。

本次股权激励方案的内容是：在 2018 年、2019 年、2020 年三年里，若公司经审计的净利润分别达到了 6 亿元、6.5 亿元、7 亿元，在当年年度报告后 15 个交易日内，A 公司将以当年年底经审计的每股净资产作为出售价格，向公司管理层出售 1 200 万股的股票。若以上三年年度净利润皆达到承诺标准，A 公司向管理层出售的股票总数为 3 600 万股，剩余的 400 万股的激励方式由股东大会另行决定。

A 公司进行股权激励的股票来源于股东，不需动用内部资金。这种方式不仅不会给公司带来资金压力，而且也不损害其他股东的利益。此次用于激励的股票属于限制性股票，管理层需要花钱购买，有一定的成本。但为了保证较强的激励性，管理层购买股票的价格为每股净资产，远远低于同期股票价格。

以 2018 年为例，管理层购买股票的价格为 6.7 元 / 股，远远低于同期股票价格 12.5 元 / 股。另外，激励方案为期仅 3 年，且以净利润作为考核标准。综合多方面考虑，激励方案的操作方式和兑现方式都较为简单。

实施股权激励后，中高层管理人员尽忠职守，A 公司也取得了辉煌的业绩。以下为 A 公司股权激励计划实施情况：2018 年实现净利润 6.1 亿元，高于目标净利润 6 亿元；2019 年实现净利润 7.2 亿元，高于目标净利润 6.5 亿元；2020 年实现的净利润几乎翻倍增长，达到了 13 亿元。A 公司连续三年都完成了考核指标，中高层管理人员在锁定期后可以行权。

按照股权激励方案，中高层管理人员 2018 年、2019 年、2020 年的行权情况如下。

2019 年 7 月，公司实施 2018 年度股权激励方案，A 公司将 1 200 万股转让给 2018 年度股权激励对象，转让价格为 6.8 元 / 股，同期股票价格为 12.7 元 / 股。

2020 年 12 月，公司实施 2019 年度股权激励方案，A 公司将 1 200 万股转让给 2019 年度股权激励对象，转让价格为 6.1 元 / 股，同期股票价格为 15.1 元 / 股。

2021 年 2 月，公司实施 2020 年度股权激励方案，A 公司将 1 200 万股转让给 2020 年度股权激励对象，转让价格为 5.9 元 / 股，同期股票价格为 18.2 元 / 股。

A 公司实施股权激励方案后利润连年增长，在第三年甚至实现近乎翻倍的增长，这得益于股权激励方式规范和促进了中高层管理人员的经营行为。

由于初次使用股权激励方案，A 公司在激励方案的设计上还有以下不足。

（1）激励股票来源单一。A 公司激励股票的来源单一，完全由第一大股东 B 公司从所持股票中划分。经过三年的转让和减持，B 公司的绝对控股比例下降，对公司的控制权减少。

（2）激励对象的选择较为笼统。A 公司的激励对象是所有中高层管理人员。没有排除法律禁止人员，例如最近 12 个月内被证券交易所、证监会及其派出机构认定为不适当的人选，因此容易造成纠纷或导致法律风险。

（3）期权定价过低。A 公司以当年年底经审计的每股净资产作为转让价格，而公司发展前景、市场占有率等无形资产皆不计算在内。因此激励对象获得股票的成本很低，容易导致部分人员出现坐享其成的心态。

A 公司采取股权激励后，在财务业绩上取得了明显增长，但从长远来看，将来可能会出现发展不稳定的情况。其原因在于 A 公司的股权激励方案设计不完善且具有短视行为。在方案中，A 公司仅仅采用净利润作为考核指标，有可能出现公司为了利润，降低产品质量的现象；而且激励有效期仅为三年，不利于公司的长期发展。

6.3　股权激励的落实与执行方法

股权激励方案固然重要，但再完美的方案，也需要团队建设、制度保障，使方案能具体落地实施。

6.3.1　股权激励中的团队管理策略

企业的股权激励管理工作中，股东会、董事会、监事会、薪酬绩效委员会等各司其职。其中，股东会是股权激励的最高权力机关，负责决定企业是否采取股权激励方案、采取什么样的方案。董事会是股权激励方案的执行机构，按股东会通过的决议具体实施方案。监事会是方案的监督机关，依法依章程和股东会决议履行监督职责。薪酬绩效委员会（或者其他专门小组）是董事会下设的负责实施股权激励方案的专门机构，负责方案的日常管理和实施工作，对股东会和董事会负责，并向股东会或董事会汇报工作。

股权激励方案，是企业的重要制度创新，涉及企业股东、员工之间的复杂权利义务关系。为保证股权激励方案的激励和约束效果，企业一般会聘请专业的团队，如管理咨询公司、律师事务所等，参与股权激励方案的具体实施。

管理咨询公司具有专业的管理人才和丰富的企业管理经验，能通过深入企业内部管理现场，与企业的管理层密切配合，运用科学的方法找出企业管理中存在的不足，进行定性、定量分析，提出改善的建议和措施并指导实施。在企业股权激励方案的前期调查、方案制定以及具体实施阶段，管理咨询公司都能发挥相应的作用。

律师事务所主要解决企业股权激励中的法律合规性问题，并提供法律建议。律师事务所能起草拟定股权激励方案中的相关法律文书和出具法律意见书、处理股权激励方案实施中的相关薪酬和劳动纠纷等。

图 6.3-1 为企业股权激励方案实施团队的基本构成。

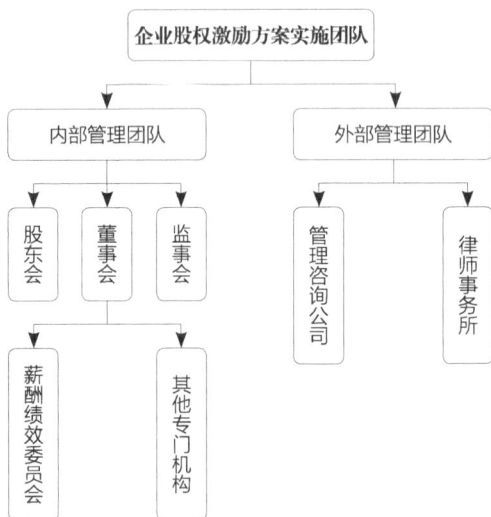

图 6.3-1　企业股权激励方案实施团队的基本构成

企业股权激励方案实施团队的各成员在股权激励方案的实施过程中，应当各司其职、紧密配合，确保方案的及时修正和完整落实。

6.3.2　股权激励中的制度与监督、落实人员配备

要想贯彻落实股权激励方案并收到激励和约束的效果，需要方案中的日常管理制度、业绩考核制度、法律管控制度等各项具体制度能具体落实。这些制度的落实，离不开具体团队的参与，以及完备的监督体系。

在具体制度的运行中，业绩考核尤为重要。业绩考核的结果，直接影响员工能否享有股权激励资格、通过股权激励获利多少等，一旦处理不慎，就可能引起消极后果。因此，企业对业绩考核，必须坚持公平、公正、公开的原则。

股权激励过程中，企业监事会依法履行监督职责，对股权激励方案的落实负

有相关的职权。监事会监督董事会及其下属专门机构的管理工作、股权激励计划的执行程序、员工的绩效考核程序等，并将相关工作向股东会汇报。此外，企业还可以引入外部监督者，通过第三方评价机制等落实对股权激励方案的监督。

落实相关制度，应以企业内部人员为主，适当引入外部辅助和监督力量。各机构既相辅相成又相互监督，形成保障企业股权激励方案顺利实施的合力。

6.3.3　股权激励中的配套法律架构设计

我国现行法律法规对股权激励有着一些原则性的规定。例如，《公司法》规定股东可以在股东之间和对外转让自己的股权，公司可以将股权奖励给职工。此外，《上市公司股权激励管理办法》对促进和规范上市公司股权激励管理有着重要的积极意义，财政部、国家税务总局等都对股权激励的关联问题有相关规定。

股权激励中的配套法律架构设计的首要目标，是在合规前提下，指导企业制定、优化股权激励方案和管理体系并贯彻实施。其次，在具体实施过程中，应做好法律风险的把控和相关的法律纠纷预案。最后，股权激励涉及企业管理、员工薪酬、企业债务关系等各个方面，其配套的法律架构应详尽并具有可操作性。

6.3.4　股权激励的实施程序

股权激励的核心在于获得股权，而有效的股权激励方案应该是动态平衡的。企业可根据企业发展情况、员工绩效考核情况等，实时对股权激励方案的执行情况进行调整，但要严格按照一定的程序来执行。

（1）程序的生效。对非上市公司来说，公司的执行董事、董事会拟出股权激励方案，包括具体的获得、变更、丧失股权的程序等，在审议通过并履行公示公告程序后，报股东会审议通过后即生效。

在上市公司，薪酬绩效委员会拟定相关方案后报董事会审议，董事会审议通过并履行公示公告程序后，报股东大会审议通过，并报请股东大会授权董事会负责方案的落实工作。上市公司的独立董事及监事会要对股权激励方案是否会损害全体股东利益等事项发表意见。

（2）程序的办理。股东会通过相关股权激励方案的审议后，企业和激励对象签署股权激励授予协议书，激励对象需要缴纳股权认购款，办理工商变更登记手续以实际取得相应的股权。如果激励对象出现变更或丧失股权，亦要完成相关的变更登记或者结算程序。

（3）解除限售、回购程序。限售期满后，激励对象可以向企业提出股权转让申请，企业则按照股权激励授予协议书的规定价格来受让股权。限售期未满的，激励对象确需企业回购股权的，可向企业提出申请，企业按约定价格进行回购。

6.4 股权激励的陷阱与风险控制

股权激励属于企业治理方式的创新，在提高员工积极性、提升企业业绩等方面发挥着重要作用。但股权激励是一把双刃剑，运用不好，可能会给企业的运营带来风险。

6.4.1 设计股权激励不当的风险

股权激励不是股权奖励，不是一锤子买卖，而是要起到长久激励和约束的效果。股权激励实施不当，反而会给企业带来风险，产生诸多不利影响。

（1）企业控制权旁落。股权激励需要企业创始人或者股东让渡一部分股权给员工，其股权会被稀释。当企业创始人所持股权比例少于二分之一的时候，会产生企业控制权旁落的风险。

（2）企业内部矛盾加剧。股权激励是复杂的过程，尤其是对员工的绩效考核，关系到员工的核心利益，如果员工认为企业股权激励授予存在不公平的现象，轻则使员工产生消极怠工的心理，重则可能引发相关的薪酬、劳动纠纷，不利于企业和谐、稳定地发展。

（3）企业财务负担加重。短期内企业股权激励的力度过大，会加剧企业的资金紧张，显著降低当期企业的财务收益，导致业绩下滑甚至亏损，对初创企业的融资有不利影响。另外，随着企业的发展壮大，公允价值会随之提高，激励对象越是到后期行权，给企业带来的财务负担就越重。

（4）引发离职潮。股权激励的行权门槛一旦过低，就可能使员工无须努力即可获得高额利益，使员工产生懈怠心理，导致股权激励变成员工变现的工具。一旦员工有更好的选择，很可能将所持的全部股权变现后再跳槽，这不利于企业的发展。

图6.4-1为股权激励不当引发的风险。

图6.4-1　股权激励不当引发的风险

股权激励不当而引发的风险可能给企业带来灭顶之灾。为此，股权激励方案必须有相应的平衡机制，既可以使员工的权益得到保障，也可以使企业的风险可控。

6.4.2　如何设置安全的股权激励退出机制

股权激励涉及多种法律关系，激励对象退出股权激励，容易导致企业股权架构不稳等系列问题，因此企业需要预先构建安全的股权激励退出机制。

（1）通过设立员工持股平台保持企业股权架构的稳定。通常来说，股权激励对象较多，员工离职时，将导致股东发生变化。如果激励对象已经经过工商登记成为股东，其退出时还需要办理工商变更登记手续。如果员工退出股权激励后不配合办理变更手续，将可能对企业的正常运营产生影响。因此，设立员工持股平台，可以避免激励事项引起争议，进而影响企业的正常运营。这样即便激励对象有变更和调整，也不会直接导致企业的股权架构发生变化。

（2）完善企业章程及股权管理制度。我国现行法律框架下，股权激励方案的确定、管理及退出等，均须符合法律相关规定。企业在制定相关股权激励方案时，应充分利用法律规定，确保股权激励退出机制的灵活性。

（3）厘清股权关系和相关法律关系。股权激励基于企业与员工之间的劳动关系而设立，同时还涉及合同法、公司法等法律关系。企业在设立股权激励退出机制时，对劳动（合同）关系及企业股权投资关系需要准确界定，并建立相应的衔接体系，合理设定企业、股东与员工等各方在股权激励方案中的权利义务。

6.4.3 如何设计激励股权的退出价格

合理的股权激励方案，必须使员工明白其在合理退出时所能得到的回报。上市企业的股票具有较大的流动性，股票价格能通过公开市场得以确定。非上市企业具备相对封闭性，股票价格的确定则需要遵循一定的程序和方法，主要包括注册资本定价、最近净资产定价、第三方机构评估作价、最近融资估值定价、约定价格定价等五种方式。

表 6.4-1 为激励股权退出的定价方式。

表 6.4-1　激励股权退出的定价方式

定价方式	主要内容	优缺点
注册资本定价	按照企业注册登记时的出资确定每股价格	简单，但不能公允反映企业发展后的股权增值
最近净资产定价	企业总资产减去各类负债，得出企业的净资产，从而确定每股价格	操作简单，但如果企业短期内负债较高，可能得出每股价格为负的结论
第三方机构评估作价	由第三方机构对每股价格作出评估认定	公正，但成本较高，无法实现在每个激励对象退出时进行估价
最近融资估值定价	以企业最近一次融得出的估值作为定价标准	公平合理，但互联网等企业有估值过高的风险
约定价格定价	以股权激励协议书中约定的固定价格或计算方式定价	易操作，但可能无法反映股权的真实公允价格

不同的定价方式各有利弊，企业可根据自身规模大小等实际情况选择其一或

组合使用。

6.4.4　如何防范正向激励变为反向激励

股权激励方案的实施如有失公允，会产生反向激励效果。如有的员工认为自己应被纳入激励对象范围却没有被纳入，可能会产生消极怠工甚至报复心理；有的员工认为自己的股权激励回报不及预期，可能会产生跳槽离职的念头；有话语权的股东可能会设定有利于自己或者利益关联人的方案……

为此，企业需要设定相应制度，防范反向激励效果的产生。

（1）设立公允的业绩评价机制。业绩评价是确定员工股权激励产生、变更和退出的基础。企业在建立相关的业绩评价机制时，首先要设立分权制衡和具有公信力的专门执行部门，其次要完善包括任职年限、任职贡献等各类要素的科学评价体系。

（2）引入完备的监督体系。除了企业监事和监事会履行相应的监督职责外，企业还可以引入第三方咨询、评价机构等外部监督力量，定期对企业实施股权激励的员工满意度进行调查并提出改进意见。此外，还应畅通企业员工的民主监督渠道，及时收集员工的反馈信息。

（3）完善公示公告机制。各类股权激励措施的公示公告程序，不只是法律法规的强制性要求，也是收集员工建议和打消员工顾虑的有效方式。除了法律法规规定的公示项目之外，企业应当做到"应公示尽公示"，消除企业与员工之间的信息不对称和壁垒。

6.4.5　股权激励中的内部风险控制

企业实施股权激励的过程中，会因方案设计缺陷、方案执行不当等产生相应的内部风险。

（1）财务风险。股权激励，不论是以权益结算还是以现金结算，都需要一定的成本和费用，必然会对企业的当期损益产生影响。对上市企业而言，当期损益的变动会影响股价的稳定，而股权激励的费用支出也会加重企业的财务负担，可能会在短期内给企业造成财务风险。

（2）激励失当风险。股权激励的力度过大，会加重企业的资金紧张和财务负担，而且使员工产生"不劳而获"的依赖感，后续想继续实施股权激励必然需要更高的成本，不利于企业的长远发展。股权激励的力度过小，难以激发员工的积极性，不容易使员工产生与企业是利益共同体的认识。

（3）道德风险。人在面临巨大诱惑的时候，如果没有严格的机制予以约束，很容易产生损人利己的举动。在很多企业，经营者多是股东或者股东指定的人，"内部人控制"现象严重，股东会、董事会制定相关的股权激励方案时，很容易变成自己奖励自己，这是错误的。

加强对股权激励的内部风险控制，首先要加强监管和监督，企业应配合市场监管部门、金融监管部门，加强日常稽查，严厉打击不法行为；其次，要加强信息披露体制建设，消除信息的不对称，实现市场的透明与规范；再次，要完善企业的会计制度，合理减少费用的支出。

6.4.6 股权激励中的外部风险控制

除了内部风险，股权激励还面临着法律风险、经理人风险等外部风险。

（1）外部风险种类。法律风险主要源于我国的相关法律法规之间的规定不一致，如《上市公司股权激励管理办法》与《公司法》在股权激励的上限方面存在不一致等，企业在实施股权激励时，可能会产生法律适用上的风险。

经理人风险，经理人可能为了短期的股权激励收益，利用信息不对称，做出损害公司和全体股东利益的短视行为。

（2）外部风险控制。股权激励的外部风险控制是一个宏大的命题，不过企业可以通过董事会、股东会等企业权力和治理机关，以及企业控制制度、信息披露制度、外部审计制度等，实现对外部风险的控制。

董事会、股东会，是企业具体股权激励方案的制定和审议机构，是企业的重要决策机关。董事会与股东会可以通过决议的方式，形成各项有利于企业发展的决策，群策群力，最大限度地实现企业外部风险的防控。

完善企业控制制度，让创始人或主要股东实现对企业的控制，从而可以在企业面临外部风险时积极制定应对策略。如外部审计制度，主要用于对企业财务和治理等状况"把脉问诊"，及时诊断企业是否存在外部风险；信息披露制度，用于解决企业股东、管理者与员工之间的信息不对称问题，防止股东、高管在股权激励实施中做出损害企业利益的行为。

采用不同的外部风险防范制度，能最大限度地对外部风险进行防控和纠偏。

第7章
股权投融资的秘密：对接资本，乘风而行

股权融资越来越受到上市公司和资本的青睐，我国很多独角兽企业（估值超10亿美元的非上市企业），正是借助股权融资的方式，获得了大量资本支持，实现了上市的目标。成也资本，败也资本，企业在资本扶持下快速扩张也可能会产生被反噬的后果。为此，企业必须精通股权投融资的方法。

7.1　股权投资的类型及选择原则

投资者对企业进行股权投资，可以在给企业注入发展动能的同时，也给投资者带来高额回报。为此，他们应清楚股权投资的类型，掌握其选择原则。

7.1.1　股权投资的价值和前景

我国大部分上市企业，都是通过股权融资而成功上市的。近年来，百度、阿里巴巴、腾讯等企业，均在多轮股权融资下迅速发展壮大。股权投资之所以如此盛行，是因为其具有极大价值和良好前景。

（1）对投资者的价值。投资者投资的目的是获取回报。如选择初创企业投资，在企业快速发展后，投资者将可能获得超过预期的高回报。由于初创企业的发展前景具有不确定性，投资者将面对很大风险。此时，投资者通过股权投资获得企业的部分股权，能获得一定保障。

投资者成为企业股东后，还能在一定程度上参与经营管理，与企业结成利益共同体，利用其优秀的管理经验为企业发展保驾护航。

（2）对企业的价值。如初创企业想要上市，必须要发展到具有一定市场规模、盈利能力和优良治理结构，以符合上市的基本要求。要实现这些目标，离不开资金的支持。初创企业如能顺利获得融资，就更容易在激烈的市场竞争中赢得先机。但初创企业的规模相对较小，融资能力相对较弱，通过让渡部分股权以获得投资者的投资，有利于企业的快速发展。同时，企业也能借助投资者的管理经验，完善企业治理结构。

（3）对市场的价值。股权投资是企业和投资者的"双赢"模式，既为企业引进了畅通的融资渠道，又让投资者在投资企业的时候没有后顾之忧。

与民间借贷或银行贷款等方式相比，股权投（融）资的程序相对简便、额度相对较大、利息相对较少，更容易为投资者和企业所接受。投资者投资企业后，为保障自身利益，也会尽心扶持企业，如此一来，对良好市场投资环境的形成也有正面意义。

7.1.2　股权投资的 4 种类型

股权投资中，投资人和融资人都希望能在有效利用资源的基础上实现利益的最大化。企业长期健康、快速发展，是实现"双赢"的根本，而企业各方控制人的决策，对企业发展有着至关重要的作用。由于股权投资涉及多方，更应做好相关平衡。

根据投资人对企业的控制程度，股权投资可分为以下几种类型。

（1）控制。控制是指投资人对企业达到控制的程度，对企业的财务管理和经营策略等有着决定权，并能凭借决定权在企业经营活动中获取利益。这需要投资人的股权占比达到 51% 以上。

（2）共同控制。共同控制是指投资人没有对企业达到控制的程度，但根据投资人与企业或者股东的合同约定，投资人对企业的某项重大经营活动有共同决策权。

现实中，股东不愿将自己对企业的控制权拱手让人，但在实施某项重大的经营活动时又需要资金支持，就可以采取共同控制的模式解决投资人与融资人的需求。

（3）重大影响。重大影响是指投资人对企业财务和经营活动等事项未达到控制的程度，但有参与决策的权利，在企业的股东会中具有一定的话语权。这种投资人与融资人势均力敌的股权控制模式，虽然短期内解决了企业的融资难题，但也可能为企业后来的控制权之争埋下隐患。

（4）无控制权也无重大影响。投资人对企业的投资不以对企业的控制和施加影响为目的，而是基于对企业盈利能力的信任，相信对企业的股权投资能为其带来丰厚回报，或者企业的规模较大，投资者的投资额达不到控制、影响企业的程度。

7.1.3　股权投资的 3 个原则

在进行股权投资时，投资人应避免盲目投资，坚守风险控制的原则。

（1）明确投资的目的。投资固然是为了获取回报，但也不能对回报率抱有奢望。回报越大，意味着风险越大。

如果企业能为投资人带来持续稳定的收益，那么该笔投资就是合理的投资。投资人不能迷信企业上市后会立即带来巨额回报，更不能有急功近利的"套现"想法，不能忽略企业股权投资所隐藏的风险，将股权投资变成一场上市游戏的"赌博"。

（2）全面调查了解投资对象。股权投资是一项长期投资，投资的是企业的未来，考验的是投资人的眼光和见识。市场投资的复杂性、投资人信息搜集能力相对有限，决定着投资人在股权投资之前，必须多方面、多维度地对企业的各项指标进行详尽的调查，比如企业的主营方向、财务状况、股权架构，甚至股东的能力和信誉度等。投资人可以通过公开的工商登记信息查询，也可以通过专业的咨询机构进行背景调查。

（3）控制投资的成本。以什么样的价格进行股权投资？融资人希望股权融资的价格越高越好，这样就能以更小的股权代价获得更多的资金。投资人自然希望股权投资的成本越小越好。

实际上，双方都应注意到，过低的股权投资成本会让投资人难以找到合适的投资对象，过高的股权投资成本会让投资人的投资回报期变长、投资回报率变低，从而降低投资人的投资热情，影响投资市场环境的健康发展。

7.1.4　股权投资的风险及控制策略

市场投资波诡云谲，隐藏着巨大的风险，股权投资也不例外。正确了解股权投资的风险，及时做好风险控制，对投资人和融资人都非常必要。

表 7.1-1 为股权投资的 5 大风险和相应的风险控制策略。

表 7.1-1　股权投资的 5 大风险和相应的风险控制策略

风险	主要内容	风险控制策略
法律风险	1. 保证资金安全和保证收益率等条款不受法律保护 2. 科技型企业中知识产权持有情况的变动，可能会影响投资人的投资意向，产生违约风险 3. 投资人与融资人关于股权变动的约定可能违法 4. 其他日常经营中诸如劳动纠纷等法律纠纷	1. 聘请律师等专业人士，做好投资合同的合规性审查 2. 合理制定违约责任条款，确定双方的权利义务 3. 及时保存相关证据，合理解决纠纷
投资决策风险	1. 投资项目定位不准，对企业发展情况、企业所处行业周期发展情况等了解不足，盲目投资引发未知风险 2. 投资决策程序有瑕疵，在投资前的背景调查、财务审计等环节存在不足，影响投资人的投资决策	加大对投资企业情况的了解力度，通过审计所、律所等专业机构对企业进行全面的梳理分析
企业经营风险	1. 企业经营的外在风险，如所处行业市场大环境发生变化，经济危机、金融危机带来的市场整体衰退等 2. 企业经营的内部风险，如企业的管理层发生不稳定事件，企业陷入内耗，企业控制人经营策略的重大转变等	1. 尽量选择投资管理团队稳定、股权架构清晰的企业 2. 加大对企业的控制力度，加大对企业决策、经营的参与度
资本市场风险	资本市场的货币政策、财政政策、金融政策、产业政策的突然转向，如为加强房地产行业的调控，对房地产企业银行信贷政策的重大调整给高负债房地产企业带来的冲击	及时了解相关政策的变化，制定相应的预案和应急方案；及时调整投资以适应政策的变动
执行风险	1. 股权退出机制不完善产生的风险，如股权投资的周期一般较长，在约定的时间内完成或者未完成相应的业绩或者上市目标，容易产生相应的股权退出纠纷 2. 股权投资涉及工商登记、证交所审查、外汇管理等程序，手续烦琐、耗时长、专业程度高，影响投资的时间成本和回报周期	1. 完善相应的股权退出机制，预防纠纷的发生 2. 熟悉相关法律法规和规定的要求，或者聘请专业的机构，准备好相应的材料备查

表 7.1-1 对股权投资的 5 大风险和相应的控制策略作了简单的介绍。股权投资人应加强对风险的认知，提前准备对应的控制策略，确保投资的安全性和投资的回报率。

案例　李先生的三次股权斗争

1996 年年底，李先生联合同学赵先生、苏先生创立了 X 公司，主要从事照明灯具生产。其中李先生拥有 X 公司 45% 的股份，赵先生和苏先生共占 55% 的股份，并且由李先生担任董事长，负责 X 公司的日常经营工作。

　　X 公司在三人的努力下，在行业内崭露头角，逐渐成为国内知名的照明灯具生产企业。但随着企业的发展，三人之间的矛盾逐渐升级。2006 年，赵先生、苏先生与李先生对公司战略规划和利益分配等问题产生分歧，三人协商多次仍难以达成一致，于是赵先生和苏先生决定罢免李先生的董事长职位，李先生失去公司的控制权，被迫出让全部股份，携带 9 000 万元出走。

　　李先生在职期间尽忠职守，和旗下经销商关系融洽。李先生出走后，X 公司业绩一落千丈，旗下经销商纷纷要求李先生重掌公司。迫于压力，赵先生和苏先生不得不离开 X 公司。此时，李先生想收购赵先生和苏先生的股份，但两人的股份市值达 1.8 亿元，而且 X 公司账上也拿不出如此多的现金。

　　李先生思前想后，为了掌握 X 公司绝对的控制权，决定通过资本的力量，借助融资来收购赵先生和苏先生的股份。

　　2007 年，投资机构 B 投资 X 公司 3 000 万美元，持股比例为 36%，接近李先生持有的 42% 股份。此后投资机构 B 分四次投资 X 公司，公司的发展取得了非常好的成绩。股权经过几次变化，到了 2009 年，投资机构 B 的总持股比例达到了 30.82%，超过创始人李先生的 29.62%，成为 X 公司的第一大股东。

　　2010 年，李先生为拓展海外市场，引入国外投资机构 C，投资机构 C 投资 2 500 万美元后取得 5% 的股份，而后又通过收购其他多个小股东的股份，逐渐成为公司第三大股东。至此，X 公司的前三大股东分别为投资机构 B、李先生和投资机构 C，持股比例分别为 19.2%、16.1% 和 9.7%。

　　2012 年，李先生与投资机构 B 闹翻，仅持 X 公司 16.1% 股份的李先生失去了对 X 公司的控制权，被迫离开公司董事会，之后由投资机构 B 的执行董事林先生担任 X 公司董事长，并由投资机构 C 的王先生担任首席执行官。

　　李先生虽已离开 X 公司，但凭借多年的工作经验，李先生把 X 公司的销售渠道基本掌握在了自己手上。于是，李先生私下与各大渠道、股东联手，逐渐扩大自己对 X 公司的控制权。2013 年，在 X 公司股东孙先生的支持下，李先生重掌 X 公司。李先生再次在股权之争中胜出。

　　李先生重回 X 公司后，将手中约 10% 的股份转让给孙先生，自己仅保留 6.98%

的股份。孙先生则合计拥有 X 公司 19.87% 的股份，成为 X 公司的第一大股东。在孙先生的助力下，李先生重回董事会，被任命为首席执行官。

2014 年，李先生继续向孙先生转让 5.21% 的股份，此时孙先生的持股比例已达到 27.8%。但李先生与孙先生的合作并未长久，在一次董事会会议上，李先生被免去首席执行官的职务。经过多次的股权转让，李先生仅握有 1.67% 的股份，彻底失去在 X 公司的话语权，并且因为持股比例过低，他已不再像在之前的股权斗争中那样拥有翻盘的机会。李先生悔不当初，但无力回天，只能将自己一手打造的 X 公司拱手让人。

案例中，李先生在第一次股权斗争中，由于原始股东赵先生和苏先生拥有 55% 的股权，因此他们拥有 X 公司的重大事项决定权，如果两人联手，李先生将直接出局。对于创始人来说，如果想掌握公司控制权，控股线为 51%，完美控制线为 67%，李先生显然不符合这个标准。这也是李先生第一次失去公司控制权的原因。

在第二次股权斗争中，李先生不断引入资本，在拓宽 X 公司营销渠道的同时也使得自己持有的股权不断被稀释，因此当其持股比例过低时，在重大事项的决定上便失去了话语权。

在第三次股权斗争中，李先生通过不断转让股权，使得自己的持股比例降至历史最低。他成了一个小股东，势单力薄，难以与各大股东的力量抗衡，因此彻底失去对 X 公司的控制权。

股权融资时，投资人和融资人都想实现更大的利益，但对于融资人来说，需要设计完善的股权架构以及各项规则制度，否则在竞争激烈的资本运作中，一不小心就可能被淘汰出局。

7.2　如何坚守股权融资的底线

股权融资，是企业股东通过转让股权引进新股东，以实现企业总股本增加的融资方式。企业对通过股权融资获得的资金，无需还本付息，而需向其投资者分红。

7.2.1　控制权被稀释的风险

股权融资中，同样存在法律风险、经营风险、资本市场风险，其中最大的风险之一就是控制权被稀释的风险。

控制权被稀释之所以是一种风险，是因为控制权对于企业创始人具有重要的意义。

（1）很多创始人创业并不只是为了实现盈利，而是为了实现个人理想、团队追求。创始人的个人利益，与企业的长远利益往往是高度一致的。与追求短期经济利益最大化的股权投资者相比，创始人有效控制企业，能避免很多急功近利的短视决策行为，有利于企业的长远发展。

（2）创始人及其团队的技术创新、管理方法、经营理念，是争夺新兴行业的核心竞争力，也是企业发展的命脉所在。一个能力出众的创始人很可能会带领企业走向辉煌。

（3）创始人有效控制企业，能使企业的发展战略保持一致，避免企业战略频繁变更而形成不稳定因素。此外，创始人的人格魅力也能伴随其控制权延伸，在企业内形成独到的企业文化，增强企业凝聚力，为企业带来更多的发展资源和空间。

企业的控制权对创始人具有重大意义。在股权融资的过程中，创始人一旦因股权被稀释而丧失对企业的控制权，就可能使企业产生巨大的风险，带来企业、股东、投资人三败俱伤的后果。

7.2.2 股权融资的原则

股权融资会给企业带来控制权失控等风险，因此企业应坚守以下原则。

（1）企业控制权维持原则。初创企业为追求快速融资，往往以较大的股权份额作为代价，结果，在经历多轮融资之后，创始团队的控制权被稀释到警戒线以下。这很容易导致创始团队丧失对企业的控制权，或出现各类纠纷。

企业必须设置合理的股权架构，便于创始人维持对企业的合理控制。

（2）融资规模适当原则。通过融资获得的资金少了，满足不了企业发展的需要，但融资量也并非越大越好。企业应综合考虑一段时间内对资金的需求量，合理确定融资目标。

ofo小黄车首创"无桩共享单车"模式，一时间风头无两，引得各路风投纷至沓来。从Pre-A轮到E2-1轮，ofo小黄车从没为融资担心过，这也给了ofo小黄车的创始人戴威足够的资本去创建自己的"单车帝国"。但在无序扩张的背后，是财务和成本控制的失控，最终，ofo小黄车陷入债务危机。

（3）循序渐进原则。股权融资是长期工程。企业在不同发展阶段的资金需求是不一样的，初创企业很难在短时间内评估得出长期资金需求。

企业一次性融资过多，超出实际需求，就可能造成资金浪费和资金使用成本过高；如果融资过少，则不敷所用。此外，一次性融资过多，对创始团队的股权稀释也可能很严重，会造成企业控制权旁落。

（4）资源的最优利用原则。企业在寻求股权投资人的时候，应全面考量自身需要和投资机构的综合实力，秉持资源的最大化利用原则，选择合适的投资机构和投资方案。

7.2.3　如何才能守住底线

股权融资的风险之一是创始人控制权旁落。现实中，即使企业的创始人没有绝对控股，也能通过委托投票权等方式，牢牢掌握控制权。

（1）委托投票权。创始人在取得其他股东同意的基础上，取得其他股东的投票委托权，实现对企业的控制。在京东上市前，刘强东获得了共计 11 家投资人的投票权，虽然刘强东只占有京东 18.8% 的股权，却能行使京东 51% 以上的投票权。

（2）一致行动协议。小股东股权占比较小，但小股东可以联合其他股东签署一致行动协议，约定在企业的某项重大决策投票中，一致通过相同的决议，达到实际控制企业的效果。

（3）合伙人制度。阿里巴巴的合伙人制度，即在企业章程中增加一条重要的"合伙人条款"，该条款约定："合伙人"无须按照持股比例的资本多数决原则，即可提名和通过大多数董事人选。马云正是凭借这种合伙人制度，以不到 9% 的股权控制了半数以上的董事提名，从而实现对企业的控制。

（4）AB 股模式。在美股上市的互联网公司大多采取这种模式，即 A 股（控制股）对应数倍于普通股的表决权，B 股（普通股）主要投资股，拥有的表决权相对 A 股较少。当然，在实施过程中，企业对 A 股表决权在某些重大事项上有所约束。图 7.2-1 为股权融资风险控制的四种方式。

图 7.2-1　股权融资风险控制的四种方式

由图 7.2-1 可知，创始人可以通过掌控表决权，实现对股权融资风险的把控。但也不仅限这四种方式，具体采取何种方式，创始人需要根据企业的特点、法律规定等因素决定。

案例 刘强东的"控制术"

股权融资是把双刃剑，在给企业带来大量资金的同时，也带来了巨大的风险。很多创始人发现在融资过程中，自己逐渐丧失了对企业的控制权，更有其者被一脚踢出门外。

接下来介绍刘强东的例子。

刘强东第一次创业时选择做餐饮，但没有成功，还背负了债务。在此之后，刘强东进入日企工作，学习到了日企的精细管理经验。

刘强东的第二次创业，说是创业，其实就是在中关村租了个柜台卖视频刻录机。凭着敏锐的商业头脑和十足的干劲，刘强东成功由一个柜台发展到十个柜台，但是一场突如其来的"非典"重创了线下交易，这也促使刘强东将目光转移到了线上。经过几年的发展，到 2006 年，京东的销售额达到了 8 000 万元。

京东作为一家大型综合电商企业，从它创立到在美股上市，一共经历了 7 轮融资，融资总额超过 46 亿美元。

2006 年，京东在进行首轮融资的时候，刘强东对融资还不太熟悉，经人搭线之后跟一家国企达成了融资协议。对方投资 500 万元，占股 40%，具体为：先期投入 200 万元，等达到销售目标之后再投入 300 万元。但好景不长，这家国企在 2006 年股价大跌，承诺的投资也就不了了之。

在此后，今日资本登场，成了京东在 C 轮融资之前的最大股东。今日资本在听取了刘强东的汇报并考察了京东之后，决定投资 1 000 万美元，占股 40%。而此时的京东只是一个 30 多人的小企业。

在京东登陆纳斯达克之前，今日资本、老虎基金、高瓴资本、红杉基金、腾讯等陆续投资京东，京东累计融资达 26 亿美元。2014 年 5 月 22 日，京东在美国纳斯达克挂牌上市当天便募集资金 17.8 亿美元。

此后京东的融资动作更为频繁，先是利用京东数科的股权进行 3 轮融资，入账 320 多亿元，到 2017 年又通过业务重组将京东数科的股权全部转让，获得了 142 亿元的现金和 40% 的正利润分红权。京东还通过出售京东物流和京东健康业务板块的部分股权，获得了近 35 亿美元的融资。2018 年京东还获得了谷歌 5.5 亿美元的投资，回港股上市又募集了 300 多亿港元的资金。据不完全统计，截至京东在港股二次上市，其募集的资金总共达 1 400 多亿元。

经过多轮融资，在港股二次上市前，京东的股权结构如图 7.2-2 所示。

图 7.2-2　京东的股权结构

由此看来，刘强东在京东的股权占比并不高，但他却掌握了京东的实际控制权。

刘强东曾说，如果他不能掌控京东，那么他宁愿将京东卖掉。刘强东是如何掌控京东的呢？他靠的是以下几个方法。

首先是优先股。优先股股东具有对公司的资产、利润等优先分配权，但对公司的事务没有表决权；优先股股东也没有选举权和被选举权，对公司的经营业务没有参与权；优先股股东不能退股，优先股只能通过公司赎回。早期的京东通过 A、B、C 三轮融资，发行的都是优先股。虽然今日资本在 A 轮融资中获得的优先股就占京东总股本的 30%，但由于其没有表决权，京东的控制权仍然被刘强东牢牢地掌握。

其次是委托投票权。在后续的普通股发售过程中，刘强东要求投资人将投票权排他性地委托给他的两家其他公司。在京东上市前，刘强东通过这两家其他公司掌握了京东 13.74 亿股的投票权。

最后是双层投票权（AB 股模式）。为彻底解决控制权的问题，在京东上市后，刘强东效仿大型互联网公司的做法，采取 AB 股模式，将其持有的股份转为 B 类股，每股拥有 20 份投票权，而其他投资人持有的为 A 类股，每股只有 1 份投票权。通过这种方式，刘强东拥有的投票权超过 50%，自然实现了对公司的掌控。

多轮的企业融资，带来的风险是稀释了创始人的股权和控制权。但股权少不代表丧失对公司的控制权，刘强东为广大的创始人做了一个很好的示范。若创始人既想要获得融资，又不想失去对企业的控制权，或许能从京东的案例中获得启发。

7.3　股权融资的策略与步骤

股权融资的具体步骤相对复杂，包括股权融资模式的选择、投资人的背景调查、协议的签订与实施等内容。对于投资人和融资人来说，其中每个环节都需审慎对待。

7.3.1　股权融资的关键 5 步

股权融资的关键步骤，可以用"融、演、调、订、履"五个字概括。

（1）融：融资准备。企业应明确战略规划，以便于能做好资本规划。其中，战略规划体现着企业的远景目标，展现了企业愿景和价值观，是创始团队眼光、胸怀和能力的集中反映。通过解读企业的战略规划，投资人能看到企业未来的盈利可能和投资回报。相反，没有明确可行的战略规划的企业，很难获得投资人的青睐。

在融资前，企业还应组建相应的融资团队，准备好相应的融资材料，制定相应的计划和预案。

（2）演：充足路演。根据企业或项目特点，选择合适的路演平台，以筛选真正能看到项目潜力的投资人。

在路演之前，融资者应准备充足的材料，全方面展示企业在商业模式、股权架构、盈利模式、资本规划等方面的优势，充分解答投资人对于项目的疑虑，增强投资人的投资信心。

（3）调：配合投资人做尽职调查。通常情况下，投资机构会给融资企业开列尽职调查的清单，详细列明投资人关注的问题，企业要组建相应的尽职调查对接团队，配备相应的财务、法律、业务专业人员，做好与投资人的衔接沟通。

（4）订：投资谈判和协议签订。企业完成路演、尽职调查等程序后，接下来就是谈判与协议签订环节。企业估值是该环节涉及的重要内容，直接影响投资人的投资规模和回报。

为做好企业估值，投资人和融资人要找到令双方满意的科学估值办法，尽可能反映企业的真实价值。

融资协议中另一个重要内容就是股权架构的设置，其既要满足投资人的股权需求，又不能使企业创始人丧失对企业的控制权。双方应在两种需求之间做好平衡。

（5）履：协议的履行。在投资协议经企业按照法定程序审批通过后，企业与投资人签订正式的文本协议。随后，企业再根据协议内容变更企业章程中与董事人选、投票权等相关的关键条款。

投资协议与企业章程一起构成了实现股权融资和保护股东权益的基石。但即便签订正式投资协议，也不意味股权融资就已经完成。具体的协议履行过程中，企业还应积极督促投资人履约，及时充分地与投资人沟通，确保双方共同目的的达成。

7.3.2 股权融资的正确流程

股权融资如同登山，需要一步一个脚印地攀登才能达到顶峰。

图 7.3-1 为股权融资的流程。

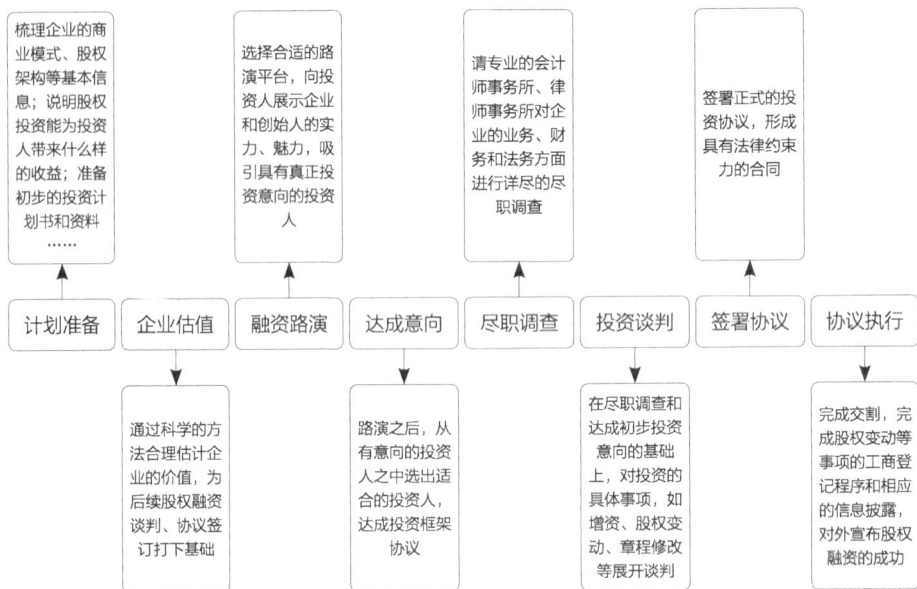

图 7.3-1　股权融资的流程

　　图 7.3-1 介绍了股权融资中循序渐进的步骤，为企业的股权融资工作，提供重要的参考价值。

7.3.3　股权融资的方式

　　股权融资成功的关键，在于利用股权财产价值的变现功能，为企业发展带来资金支持。股权存在不同变现路径，也为股权融资提供了不同的方式。

　　（1）股权质押融资。股权质押，是股东作为出质人将自己拥有的股权作为标的物进行出质，为自己或者他人的债务提供担保，以获得资金的支持。

　　中小企业将股权质押当成融资的担保方式，增加了其信贷融资机会。由于中小企业往往没有足够的固定资产向银行抵押贷款，其通过股权质押的方式，能尽可能地增强企业的资产和融资能力。

　　（2）股权交易融资。随着企业发展壮大和盈利能力提升，每份股权代表的价值也在逐步提升。股权交易融资，就是通过股权的转让，将股权溢价出让给他人，以获得股权增值部分的价值，为企业发展融得资金。

（3）增资扩股。增资扩股，是权益性融资的重要形式，也是股份有限公司在上市前常用的融资方式，其实质是通过增加企业的注册资本来实现融资目的。

（4）私募。私募（Private Placement）是相对于企业公开发行股票而言的，是采用非公开方式面向少数个人投资者、机构投资者募集资金。私募适用于已具有一定规模和现金流的非上市公司。其融资的时限相对较长，企业能通过兼并收购、IPO、管理层回购等方式顺利实现股权退出。

私募能为企业带来一定好处。例如，私募的资金来源相对较稳定，能有效降低企业的财务成本，同时也能通过投资人为企业带来高附加值，以显著提升企业的内在价值。

当然，私募也有一定的风险，其中包括法律风险。例如，拟上市企业选择了有上下游业务关系的投资机构进行融资，就可能产生关联交易的风险。

放在企业面前的选择很多，企业要根据自己的战略需要（是单纯融资还是为了上市）、企业的类型（家族式企业、家族控股企业等）、企业的具体经营状况（负债情况、现金流情况等）等，选择适合的股权融资方式。

7.3.4　股权融资的投资人调查及选择

激烈的资本市场中，很少有投资人直接企业投资的情况，绝大多数情况下，需要创始人去积极寻找投资人。此时，多渠道出击就显得尤为重要。

首先，创始人应积极利用自己的朋友圈。很多时候，投资项目都是靠着口口相传的方式进入投资人的视野中的。某些投资人也偏向投资有一定社会关系相联结的创始人的企业，如校友关系等。

其次，企业也可以借助政府的创业支持和孵化项目。在一些大中城市，当地政府为引进好的投资项目，通常会设立专门的扶持基金和产业园，给予创业项目土地、财税、人才等方面的支持，创始人应积极利用这些融资项目。

再次，创始人还能将自己的项目放到一些融资平台接受市场的检验，或者参加一些公开融资评选竞赛，或者直接带着自己的计划去敲投资机构的大门……总之，机会是为有准备的人留着的，创始人要尽一切努力寻找合适的投资人。

如何才能称得上合适的投资人？企业应当从所处领域、机构实力、专业背景、品牌影响力、掌握资源等方面考察投资人。表 7.3-1 为选择投资人所要考察的具体内容。

表 7.3-1　选择投资人所要考察的具体内容

考察维度	主要内容
所处领域	每个投资机构（或者个人投资人）对赛道的偏好程度是不同的，选择对自己所处赛道、行业偏好程度高的投资人非常重要，同时也要注意避开曾投过与自己有直接竞争关系的企业的投资人
机构实力	机构的资金实力很大程度上决定了投资人对企业的估值区间和投资区间，资金实力较差的投资人很难有魄力投资估值较高的企业
专业背景	一看投资人具有什么样的资金背景，例如国企背景、独角兽企业背景、产业基金背景。二看个人投资人的专业背景，如新材料专业、医学专业、教育专业等，有与项目相同或相近专业背景的投资人，或者有过类似项目投资经历的投资人，才能深入了解项目，双方合作起来才更顺心
品牌影响力	知名投资机构，如红杉、高盛、软银等，能利用其品牌影响力吸引更多的投资机构加入
掌握资源	投资人所掌握的资源非常重要，著名的投资人能起到带头人的作用，往往能号召大量的投资机构联合对企业进行投资

7.3.5　如何做好企业估值

在股权融资中，企业估值会直接决定投资者的投资占比和未来企业的股权架构。要想做好企业估值，需要选择科学的估值方法。

王先生对自己的企业非常有信心，觉得其最少值 10 亿元，而在寻找风险投资的时候，这一数字与投资人的估值结果相差甚远，导致他处处碰壁。

多轮投资谈判失败后，王先生病急乱投医，将企业的估值降到 5 000 万元，很快就以 10% 的股权寻求到 500 万元的风投。后经专业人士指点，王先生的企业估值应在 3 亿~5 亿元，王先生后悔莫及。

对企业估值时，主要看的是企业的收益、资产等因素，并需要应用以下方法。

（1）同类企业比较法。企业可选择与自己所处行业相同、各项运营数据相似的企业作为参照，分析其此前被收购、并购或者投资的情况，获取其关键的财务信息等，从而合理地对自身估值。

这一方法成功的重点，在于先"知彼"而后"知己"，通过类似的参照物来大概得出自身估值。

（2）风险投资前评估法。当投资人与融资人对企业估值的差距较大，而投资人对企业又比较看好的时候，双方可以采取"搁置争议"的策略。具体方法是，先由投资人投入资金并约定回报率，暂不对企业的估值和投资人股权占比等作出约定。等企业运营一段时间，到下一次融资能够比较清晰地对企业进行估值的时候，再反推此前融资时的估值。

（3）资产价值法。该方法是将企业所有资产因素的评估值综合，得出企业的整体价值，通常有账面价值法和重置成本法两种方法。账面价值法，是根据会计核算中账面上的净资产来确定企业的价值；重置成本法，是在现有条件下，在资产继续使用的前提下，从估计的更新或重置资产的现时成本中减去应计损耗而求及的一个价值指的方法。

资产价值法注重企业现有状态价值的静态评估，而未考虑到企业未来发展所带来的资产价格变动。

7.3.6　如何应对企业资产和财税调查

在投资人对企业的尽职调查中，资产和财税调查是重点。这两大指标能如实反映企业是否"健康"，是投资人重要的决策依据。

1. 企业资产和财税调查的主要内容

对企业的资产调查，主要核实以下几方面的内容。

（1）对固定资产，要了解资产的规模、类别等，并核实其期末价值。一般情况下，对前三年及最近一个会计期末的"固定资产"明细表进行核实，并详细了解折旧、减值准备计提是否充分和属实。

（2）对在建工程，要考察工程的规模、完成进度以及完工后对于企业生产经营的影响，必要时现场观察工程的建设进度，并根据同类工程正常的建设周期，结合可行性报告，判断在建工程是否能够按期完工。

（3）对无形资产（主要是与企业生产经营密切相关的知识产权、商标、商誉等），判断其估值是否合理，有无合理的入账依据。

对企业的财税调查，主要依据企业的财会报表等资料，详细了解历年的财务和纳税情况，判断企业会计制度是否完善、营收与纳税情况是否匹配，了解企业有无被主管税务机关处罚的情况等，汇总相关数据，对企业进行全面"体检"。

2. 应对资产和财税调查的原则

面对资产和财税的尽职调查，企业创始人既不能抗拒也不能心存侥幸，而是要将调查当作对企业进行诊断的机会。

（1）实事求是。创始人不能为了达到融得更多资本的目的，而夸大企业的规模和资产状况，或者隐瞒企业的负债和不良资产等。要知道，一般投资人具有相当多的投资经验并且会聘请专业人士对企业资产和财税进行尽职调查，一旦发现弄虚作假的情形，投资人会对企业产生强烈的不信任感，直接影响企业融资的成功率。

（2）积极配合。投资人对企业的投资，很大程度上也是对人的投资，企业为了向投资人展现积极配合的态度，应成立相应层级的专门小组，以配合投资人派来的专业调查人员。调查过程中，专门小组应积极与调查人员充分沟通，解答调查人员的问题和疑惑，以坦荡的态度和做法，赢得投资人的信任。

（3）全面展示。创始人不但要展示企业的固定资产等"硬实力"，还要展示企业未来发展的愿景，更要展示企业发展理念、企业文化、创始人的人格魅力、创始人的奋斗精神等"软实力"。特别是在互联网等新兴的高新技术行业，优秀的创始团队就是企业发展的根本。

7.3.7　股权投资协议的内容设定及签订技巧

股权投资协议，是约定投资人与融资人权利义务关系的正式文本，对双方都具有法律约束力。双方在签订协议时，应尽可能确保协议内容详尽、权责明确，并通过约定股权回购、反稀释条款等方法，合理保障双方权益。

股权投资协议应包括以下内容。

（1）投资及相应的交割安排。

（2）交割完成前的工作、业务安排。

（3）服务期约定、竞业禁止条款。

（4）估值调整机制、对赌协议条款。

（5）公司治理结构的设定和改造条款。

（6）股权回购条款。

（7）反稀释条款。

（8）股权转让限制性条款。

（9）优先清算权条款。

（10）法律适用及违约责任条款。

图 7.3-2 为股权投资协议的主要内容。

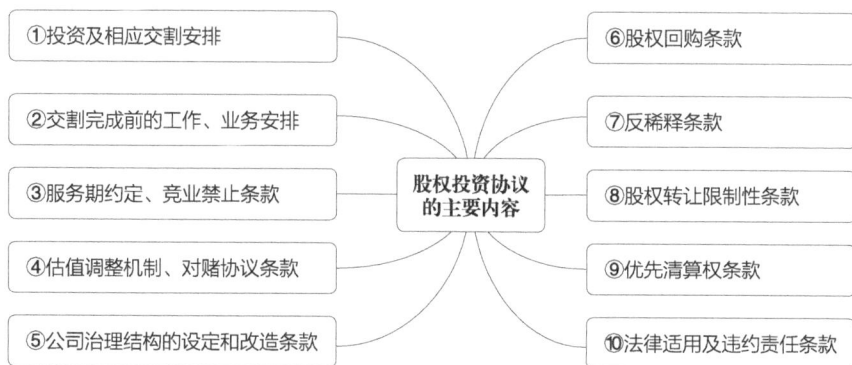

图 7.3-2　股权投资协议的主要内容

图 7.3-2 反映了股权投资中融资方和投资方最关心的问题。

凡事预则立，不预则废。企业应尽可能地通过股权投资协议，提前明确双方的权责关系，这既是为了对投资者负责，也是为了提高效率、避免纠纷。

7.3.8　股权融资中的法律风险及防范

股权融资涉及各种复杂的法律关系。做好股权融资中的法律架构设计，以规避融资风险，保障交易顺利。

1. 股权融资中的法律风险

股权融资中的法律风险主要包括以下几点。

（1）投资企业风险，主要包括投资企业未按照合同或者法律法规的规定履行其义务的风险。

（2）其他风险，包括外汇管制法律风险，股权架构变动带来的控制权稀释风险，投资方不履约、不守法风险，关联交易风险，商业机密泄露风险，等等。

2. 股权融资风险防范

股权融资的协商和协议签订过程中，融资企业要防范商业机密泄露，对自身的财务状况、运营状况等核心数据要注意保密。

（1）不要过早地暴露自己的底牌，在意向洽谈阶段可以概要地展示自己的相关经营数据和指标。

（2）多渠道、多维度、多方式了解投资人的职业操守、职业道德，了解投资人有无投资竞争对手、有无与本企业业务冲突的交易等。

（3）签署相应的保密协议，对保密对象、保密期限、泄密责任等作出严格约定。

（4）关键性的数据、商业技巧等信息，到协议基本敲定后才可以在小范围内对特定对象披露。

（5）对股权转让、董事会架构设计等涉及企业基本治理制度设置和变更的，做好合规性审查，邀请企业法务等专业人士把关。

7.4　如何写好商业计划书及做好对投资人的尽调

投资人无法与每个融资人详细地交流，往往靠一份商业计划书明确初步投资意向。因此，企业撰写商业计划书的能力强弱，在很大程度上决定着融资的成败。

7.4.1　如何写一份受投资方青睐的商业计划书

商业计划书是融资人接触投资人的敲门砖。高质量的商业计划书（Business Plan，BP）可以让投资人快速准确了解项目内容、项目前景以及投资可行性。

要想 BP 受投资人的青睐，项目门槛要足够高，竞争优势要显著，提供的解决方案或产品要有差异性。因此，为了写好商业计划书，融资人需要对项目情况了如指掌。

以下内容为商业计划书的关键部分。

（1）市场定位。用一句话概括企业的业务，让投资人在最短的时间，明确自己在考察何种项目。

比如做线上英语教育的机构 VIPKID，其市场定位就是"美国小学在家上"。不管是投资人还是消费者，都能通过这个市场定位知道这个公司的业务范围。

（2）市场规模及痛点。融资人要非常清晰地展示企业对市场的认知，包括市场规模有多大、客户的清晰画像是什么、客户的痛点是哪些等。

（3）解决方案。在该部分里，融资人应尽量用图表的方式来呈现商业方案，包括企业向谁提供产品和服务、具体的产品和服务有哪些、企业如何定价并取得收入等。

（4）竞品分析。融资人需要罗列出行业里所有的对标产品、竞品、替代品、互补品、潜在竞争产品等，分析各自的优劣势。

（5）运营和财务数据。融资人切记要多利用数据证明企业目前的实力和未来的潜力。企业目前的实力，是给投资人的定心丸；未来的潜力，则是吸引投资人投资的直接理由。

在这些数据里面，投资人关心的数据主要包括营业收入、毛利润，以及用户量、活跃度等。

（6）创始团队。融资人应着重展现创始团队的核心能力、团队架构等，这是因为投资人往往会根据创始团队的配置和能力来预测项目未来能够走多远。

（7）融资规划。在该部分内容中，融资人应列明需融资的金额、出让股份的比例，以及融资后的资金使用计划。

7.4.2　如何做好对投资人的尽调

股权融资中，当投资人与融资人签署意向书后，为降低投资风险，投资人会聘请专业调查机构对融资人进行财务、业务、法务等方面的调查。

值得注意的是，当下的投融资市场内，不仅投资人面临风险，融资人也面临对应的风险。

为降低融资人的风险，防止信息泄露，融资人也有必要对投资人进行尽调，以促进交易的完成。图7.4-1为对投资人进行的尽调的4大要素。

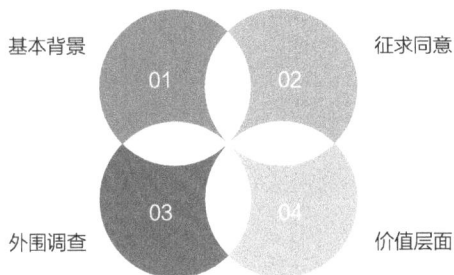

图7.4-1　对投资人进行的尽调的4大要素

融资人在对投资人进行尽调时，可以从以下 4 方面入手。

（1）基本背景。投资人为了促进交易的达成，往往很重视品牌的打造和包装，大多会有看似高级的头衔。融资人在对投资人进行尽调时，关键的步骤就是进行背景调查，在调查时重点了解其他融资人对投资人的评价，投资人资金注入是否及时、是否会过度干涉企业管理等情况。

一般来说，当投资人向融资人抛出橄榄枝、发出投资意向书时，是进行背景调查的好时机，融资人可以根据调查结果来确定是否接受投资。

（2）征求同意。融资人进行尽调前，必须征求投资人的同意。在彼此尊重的前提下，大多数投资人都会同意接受调查，因为这代表着融资人的重视，能有效促进交易成功。尤其在征得投资人同意后，投资人往往会更加配合，调查效率会更高。

（3）外围调查。投资人在配合调查时，提供的资料以及清单往往是包装好的。这些信息虽真实存在，但代表性不足。为此，融资人可以多搜集清单外的资料，多访问清单外的客户，利用外围调查，深入了解投资人的真实背景和实力。

（4）价值层面。投资人的团队成员组成、工作风格、工作理念，决定了投资人的综合价值。因此，融资人为促进交易达成和实现长久发展，在对投资人进行尽调时，还需重点考虑投资人团队的人员配置、投资理念，甚至是其未来规划。

通过这些调查，融资人可以初步确定是否接受投资。

7.5　股权投资的相关条款设定策略

股权投资中，投资人往往不参与企业的经营管理，由此产生的信息不对称，可能导致投资人利益受损。为降低投资风险和减少其他不利影响，投资人在和企业签订投资协议时，会设定一系列保护性条款。

7.5.1　投资条款

投资人通过商业计划书了解项目详情后，为进一步形成投资意向，往往会在协议中设定投资条款。表面上，这些条款是对企业创始人的约束和限制，其本质上却不乏激励和鞭策。

设定投资条款，不仅是为了方便投资人进行尽职调查，其也涵盖了正式投资协议里的重要内容。表 7.5-1 为投资条款的分类。

表 7.5-1　投资条款的分类

分类	具体条款
利益条款	对赌条款、回购条款、反稀释条款和优先清算权条款等
控制权条款	一票否决权条款、共同出售权条款等
员工相关条款	竞业禁止条例等
其他条款	赔偿或违约条款、转让条款等

一般而言，根据约定的内容不同，投资条款分为以下 4 大类。

（1）利益条款。利益条款就是跟钱相关的条款，常见的有对赌条款、回购条款、反稀释条款和优先清算权条款等。

（2）控制权条款。设置该类条款主要是为了保证企业创始人的控制权和投资人的利益，常见的有一票否决权条款、共同出售权条款等。

（3）员工相关条款。该类条款内容通常相对简单，一方面是为了激励核心员工，提高员工积极性，例如为员工建立期权池；另一方面是为了保护企业利益，例如与员工签署竞业禁止条例。

（4）其他条款。根据企业的实际情况，在不违反法律法规的前提下，投资人可以与企业创始人协商制定其他条款，充分体现企业的自治效力，例如赔偿或违约条款、转让条款等。

7.5.2　股东锁定条款

创业路途艰辛，充满了种种未知。为避免股东中途突然退出导致企业经营出现问题，企业在股权融资时，可以在投资协议中设定股东锁定条款，以保障其他股东和企业的利益。

股东锁定条款一般包括以下内容。

（1）锁定时间。企业可以通过股东大会设立股权锁定期，投资人如在股权锁定期内退出，只能兑现部分比例的股权。

王先生和几个朋友成立了一家公司，为防止大家中途退出，约定所有股东满 4 年才能拿到全部股权。合伙人李先生合作了一年就退出，所以只能兑现自己所占股权的 1/4。

（2）锁定利润。凭资源或技术入股的股东，必须将资源或技术转化成相应利润，才能兑现股权。

李先生准备成立一家网络科技有限公司，得知朋友赵先生是这方面的技术人员，于是两人商量合伙创业，由李先生出资，赵先生技术入股，赵先生占股 20%。赵先生今年必须创造 500 万元的利润，否则股权不予兑现。

（3）锁定价格。股东退出，大部分发生在企业亏损时。为保障其他股东的利益，股东退出时，仍需承担相应份额的债务。如果股东是在企业实现盈利时退出，为避免其坐享其成，股东应退回所有股份，如果不退，则需要缴纳高额的违约金。

方先生和马先生成立了一家网络科技公司，其中方先生占股 80%，马先生占股 20%。由于经营不善，一年后公司负债 100 万元，马先生选择退出，此时马先生即使退出了，仍需要承担 20% 的债务。

7.5.3　一票否决权条款

一票否决权条款，属于针对投资人（小股东）利益的保护性条款。企业经营中，大部分决策需要半数以上或 2/3 以上股东或董事同意才能生效，而投资人在企业的持股比例往往小于 1/3。因此，对涉及企业重大事务的决策，为保障投资人的相关利益，投资人必须享有一票否决权。

投资人行使一票否决权，通常发生在以下情形中。

（1）和企业持续运营有关的情形，例如修改企业章程、改变经营战略等。

（2）和企业股权架构有关的情形，例如合并、分离、解散、增资、减资等。

王先生与朋友成立了 A 公司，在众人的努力下，公司业绩蒸蒸日上。为了发展得更快，王先生在朋友的介绍下引入了投资方 B 公司。B 公司认为 A 公司前景广阔，于是想并购 A 公司，但是出价太低，所以双方谈了大半年也没谈拢。

受到客观环境的影响，A 公司资金链面临断裂，在无计可施的情况下，王先生只能去公开市场寻找合适的投资人。很快，王先生找到了 C 公司，并对其制定的价格、条款各方面都十分满意。王先生召开股东大会会议，告诉大家这个好消息，但这时 B 公司行使了一票否决权，导致王先生无法拿到新的投资。王先生因此非常苦恼，不知道 B 公司这样操作是否合理。

很遗憾，在以上案例中，B 公司的做法是合理的。C 公司给 A 公司的估值肯定是高于 B 公司的，如果 B 公司同意了这一轮的交易，就意味着 B 公司今后并购 A 公司时，付出的代价将会更大。B 公司出于维护自身利益的考量，自然不会同意引入 C 公司。因此，王先生只能跟 B 公司继续谈判，谈到价格合适为止。

7.5.4 反稀释条款

反稀释条款，顾名思义就是保护投资人股份不被低估值稀释的条款。它是投资人在进行股权投资时常用的一种防御工具。当投资人购买企业股份的价格高于后来其他投资人购买的价格时，原始股东需要对投资人进行投资成本补偿。

投资人 A 一年前投资某企业的成本是每股 10 元。投资人 B 随后加入，其投资成本每股只要 8 元。因此，A 有权要求企业的原始股东按 B 的投资成本给予自己一定的补偿。

反稀释条款的触发非常简单，即新一轮的估值低于原本的估值，投资人即可要求企业的原始股东进行补偿。但也有例外情况，当出现以下情形时，即使新一轮的估值低于原本的估值，反稀释条款也无法被触发。

（1）当企业发行可转换债券时。

（2）当税后利润或公积金转增注册资本时。

（3）当创始人或原始股东为了激励员工，甘愿将部分股权折价转让给员工时。

对大部分投资人来说，反稀释条款是保护自己利益的方式。但对于企业来说，为了保护原始股东的利益，可以与投资人协商增加不适用反稀释条款的例外条件或者提高触发底价。

反稀释条款被触发时，投资人获得的补偿有两种计算方式，即加权平均和完全棘轮，两者的计算结果差异很大，各有侧重。其中完全棘轮的计算方式侧重于保护投资人，而加权平均的计算方式侧重于保护原始股东。

7.5.5　对赌条款

投资协议里大多会设定对赌条款。作为小股东，投资人难以全面掌握企业的运营状况，他们在信息获取上相对控股股东处于劣势地位。为了确保自身的利益，投资人在签订投资协议时，一般都会加入对赌条款。

对赌条款一般包括对赌的内容和赌注。

（1）对赌的内容。对赌的内容一般是跟营收有关的量化指标，比如未来几年主营业务的收入、业务增长率等。当然，其内容也并不绝对，研发型企业可能会选择对赌研发数量，新型的互联网企业可能对赌用户目标数或 APP 下载量。

（2）赌注。赌注一般会跟其他保护性条款联动。例如，如果对赌失败，视同触发回购条款，或者视同触发优先清算权条款。但不管赌注是与其他条款联动，还是直接补偿，其本质上离不开钱、股权、控制权这三样东西。

王先生成立了一家网络科技公司（A公司），由于经营得当，两年后获得了所在行业龙头B公司的股权投资。双方在对赌条款中约定，未来三年，A公司必须实现每年业绩增长50%。如果对赌失败，A公司需要向B公司及另外几个投资人赔偿5 000万股的股票。如果对赌成功，B公司将向A公司的几位核心成员赠送2 000万股股票。

以上案例，对赌内容是业绩增长率，赌注是A公司的股票。在对赌条款的设计上，如果对赌内容能激发企业最大的潜力，赌注又在企业能力范围之内，那对赌条款可以激发企业完成很多之前无法完成的事情。

7.5.6 优先认购权

优先认购权是指企业在新增注册资本时，股东具有优先认缴全部出资或部分出资的权利。优先认购权的本质在于当企业新增注册资本时，股东可以优先认缴出资，以防止原有股份被摊薄。

优先认购权与优先购买权虽然只有一字之差，但本质并不同。优先认购权只和新增注册资本有关。优先购买权指当股东之中有人要出让股权时，其他股东相对于股东之外的人享有优先收购的权利。

王先生和李先生合伙成立了一家公司，其中王先生占股80%，李先生占股20%。运营一年后，王先生想吸纳新股东赵先生进入公司，于是提起股东会决议，决议增资500万元人民币，由赵先生认购新增注册资本，并且占股25%。王先生投了同意票，李先生投了反对票，但公司仍成功吸纳赵先生成为公司股东，并且顺利地完成了工商变更登记。于是李先生将王先生和赵先生两人告上法庭，李先生认为赵先生是无效股东且自己拥有优先认购权。

以上案例中，最终法院判定李先生享有 500 万元人民币的新增注册资本中 20% 的优先认购权，赵先生为公司有效股东，但只可认购新增注册资本的 80%，多余的部分由该公司退回赵先生并且补偿相应利息。

值得注意的是，企业新增注册资本往往会稀释股东的股权。由于投资人享有优先认购权，其股权比例在认购后有可能会超过创始人，因此创始人可对这个条款进行附加约定，以保证自己对企业的控制权。

7.5.7　回购条款

回购条款的核心内容，是当企业发展运营到一定阶段时，投资人有权要求企业或创始人回购投资人所持有的股份。回购条款常常跟对赌条款绑定在一起。

王先生成立了一家公司，公司经营效益年年攀升，吸引了投资人李先生的目光。李先生市场资源丰富，与王先生一拍即合。在签订投资协议时，双方约定自协议签署之日起三年内要完成 IPO 或被整体并购，因为只有这样，投资人才能将股权卖出，否则王先生必须回购李先生的所有股份。

根据签订投资协议时，双方协商约定的因素不同，回购条件主要有以下 2 种。

（1）约定目标未能达成。投资人要求企业创始团队在约定的时限内达到一定的技术、产品或者是业绩的相关目标，而创始团队在约定的时限内未能达成。

（2）企业经营状况不佳。当创始团队出现违法乱纪的情况，导致企业商誉受损甚至难以正常经营时，为保障投资人的利益，大多数企业也会在发生清算事件时触发回购条款。

回购条款除了约定回购条件，还需要对回购价格进行设计。如果没有设计回购价格，一旦发生纠纷，双方各执一词，即使起诉到法院也会相当棘手。

7.5.8 共同出售权条款

共同出售权条款是指投融资双方在投资协议中规定的，当创始股东或其他股东向第三方转让股权时，投资人有权根据拟出售股权的股东与第三方达成的协议，按照其持股比例向第三方转让股权的条款。

共同出售权条款与优先购买权条款，都是针对创始股东出售股权的条款。如果创始股东满足出售股权的前提条件，投资人可以选择行使优先购买权，也可以选择行使共同出售权，以确保与创始股东同比例出售或者购买股权的权利。

根据作用主体的不同，共同出售权条款的主要意义有以下两点。

（1）防止创始股东退出。投资人投资，既是看好企业前景，亦是看重创始团队。通过行使共同出售权，投资人可以有效阻止创始股东退出公司。

（2）为投资人创造退出机会。创始股东发现了有利于企业发展的优质股东，并希望通过出售部分股权的方式来获取高额收益时，投资人可以通过行使共同出售权的方式共享收益。

共同出售权的行使对象是创始股东，具体流程是：当创始股东打算出让股权，其他股东行使优先购买权但不足以将出让的股权全部购买时，投资人就能行使共同出售权。需要注意的是，投资人行使共同出售权时需要在协议规定的时间内向出售股权的创始股东发出有效的书面通知。该通知应载明该次交易的股权出让数额，通知一经发出，即代表着共同出售权的有效行使。

7.5.9 优先清算权条款

优先清算权指的是当企业出现清算事件时，为使投资人在退出时的损失最小化，投资人有权在创始股东之前按照事先约定的价格获得企业清算的全部或部分财产。

优先清算权条款，可以看成一条"旱涝保收"的保护性条款。在该条款的保护下，当企业被收购、出售或变卖主要资产时，投资人依然能获得比较理想的回报。优先清算权通常通过定向分红的方式履行，当企业发生清算事件时，在不违反法律规定的前提下，需要股东一致同意才可向投资人支付相应款项。图 7.5-1

为优先清算权的 3 种履行方式。

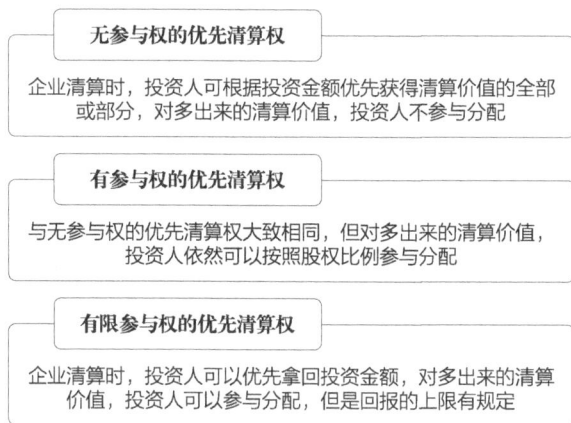

图 7.5-1 优先清算权的 3 种履行方式

根据投资协议规定的投资人享有参与权的程度，优先清算权的履行分为以下 3 种情况。

（1）无参与权的优先清算权。企业清算时投资人可根据投资金额优先获得清算价值的全部或部分，对多出来的清算价值，投资人不参与分配。

例如投资人 A 投资 100 万元，占股 20%，如果企业清算价值低于 100 万元，所有的清算价值将优先给投资人 A。

但如果企业清算价值为 1 100 万元，A 只能拿回投资的 100 万元，不得参与剩余清算价值 1 000 万元的分配。

（2）有参与权的优先清算权。与无参与权的优先清算权大致相同，但对多出来的清算价值，投资人依然可以按照股权比例参与分配。

例如投资人 A 投资 100 万元，占股 20%，企业清算价值为 1 100 万元。当进行清算收入分配时，投资人 A 不仅可以优先拿回投资的 100 万元，还可以参与后续 1 000 万元的分配，合计可得清算收入 300 万元。

（3）有限参与权的优先清算权。企业清算时，投资人可以优先拿回投资金额，对多出来的清算价值，投资人可以参与分配，但是回报的上限有规定。

例如投资人 A 投资 100 万元，占股 20%，投资协议规定回报上限为投资额的 3 倍，企业清算价值为 1 200 万元。当进行清算收入分配时，投资人 A 可以优先拿回投资的 100 万元，还可以参与后续 1 100 万元的分配，由于协议规定了回报上限，投资人 A 最多可得清算收入 300 万元，而不是 320 万元。

7.5.10 最惠权条款

最惠权条款，来源于国际贸易中的最惠国待遇，意指企业现在或以前的股东比投资人享有更好的一项或多项待遇时，投资人将自动享有同等待遇。

例如创始人 A 跟股东 B 签订了股东协议，股东 B 的投资成本是每股 10 元。后面创始人 A 又拉拢了股东 C 参与公司的管理，股东 C 的投资成本是每股 8 元，并且协议约定如果股东 C 退出，创始人 A 将全额回购其股份并且支付相应利息。

一年后股东 B 打算退出公司，于是协商让创始人 A 全额回购其股份。股东 B 认为因为之前签订的股东协议里面有最惠权条款，所以自己也应该享受跟股东 C 同等的待遇。但创始人 A 不认可，因为他认为公司的不同发展阶段，投资的成本和所获得的福利肯定是不同的。

以上案例中，股东 B 按照最惠权条款，自动享有跟股东 C 一样的待遇。因此，按协议规定，创始人 A 必须全额回购股东 B 的股份并且支付相应利息。

在股权融资中，投资人设定最惠权条款一般是基于以下考虑。

（1）对信息不对称的防御。投资人在签订投资协议前，需要对所投资的做尽职调查，但投资人一般占股较少，无法全面了解企业。因此，为减少信息不对称给自身利益带来损害，投资人会要求拥有最惠权，以保证权益不劣于其他股东。

（2）对高风险投资的积极防范。投资人不仅需要承担企业未来经营的不确定性，还需要面临信息不对称所带来的权益受损，如后来的投资人享受更优待遇或融资成本更低等情况。为将投资风险降到最低，体现公平性，最惠权条款不仅适用于现在的股东，也适用于今后吸纳的股东。

为防止投资人滥用最惠权影响企业经营的稳定性，企业或创始人可以与投资人协商制定最惠权条款的具体触发条件。

7.6　如何避开股权融资的陷阱

企业通过股权融资的方式进行扩张，有可能推动企业实现既定发展目标，甚至可以通过吸纳优质投资人，成为行业里的明星企业或龙头，但企业绝不能被投资人的"包装"蒙蔽双眼。现实中，陷入股权融资陷阱的企业不在少数。

7.6.1　股权融资中的估值陷阱

现实中，股权融资中可谓处处有陷阱，稍有不慎，融资人就有可能一无所有。企业必须清楚，投资人进行股权投资的目的是实现收益最大化，而不是与企业或创始股东共担风险。尤其是初创企业和年轻的创业者，大部分都没有融资经验或者资金不足，对自身项目在市场中的价值缺乏认识，所以很容易被投资人牵着鼻子走，很容易遇到估值陷阱。

王先生的公司是传统能源行业的翘楚，由于看好新能源的发展趋势，王先生计划全面转型做新能源。然而，由于设备、地租、研发等成本过高，公司自由现金流不足，于是王先生开始从公开市场中寻找投资人。

投资人 A 给出的估值是 5 000 万元，他认为王先生的公司处于转型时期，对于公司是否能在新能源领域立足持怀疑态度。

投资人 B 给出的估值是 5 亿元，他认为王先生的公司虽然在转型的初期，但目前的政策对新能源领域有倾斜，而且公司原本的客户也亟待转型，因此公司这次转型有着巨大的潜力。

该案例中，如果王先生只联系了投资人 A，那么将错过良好的融资机会。

创业者融资时，为避免陷入估值陷阱，需要注意以下 2 个方面。

（1）多做横向比较。创业者要充分调查自己的项目或类似项目在市场上的价值，参考以往的融资案例，不要盲目报价，也不要人云亦云。

（2）货比三家。投资市场鱼龙混杂，大部分融资项目都是根据市盈率来估值的，但这对于很多初创企业来说非常不利。为找到合适的投资人，创业者需要多联系几个投资人了解市场行情。

7.6.2　股权融资中的投资人风险

水能载舟，亦能覆舟。对投资人的选择往往隐藏着巨大的风险。对初创企业来说，优质的投资人或许可以改变企业的命运，而不合适的投资人，就如同一颗不定时炸弹，随时会打乱企业的发展。

为降低投资人风险，融资人在选择投资人时要重点关注以下几点。

（1）投资人实力。投资人的实力主要体现在募集资金的能力、过往投资项目及投资规模、投资偏好等方面。大型投资机构虽然在投资的各个环节都很规范，但为了实现收益的最大化，其投资周期往往较短。而对于一些小型投资机构来说，资金到账时间往往较长。因此融资人需要多进行对比，权衡利弊，选择适合自己的投资人。

（2）投资人类型。投资人的投资偏好对企业的影响很大。根据投资理念不同，投资人主要可以分为财务投资人和战略投资人。财务投资人追求短期利益，一般持股比例较低；而战略投资人往往看重企业前景，打算与企业共进退。

（3）投资人资源。投资人除了能快速解决融资人资金问题外，其自身的资源往往能帮助融资人实现更好的发展。因此融资人在找投资人的时候，并不是"唯资金是图"，而是要充分考虑投资人各方面的资源是否和自身的需求相匹配。大多数投资人投资的目的是获取短期回报，对于企业长久地发展并不重视，而如果能找到一个可以提供资源倾斜的投资人，企业将获得长足的发展。

7.6.3　股权融资中的条款陷阱

为充分实现企业自治，投资人与融资人在签订投资协议时，会约定相关保护性条款。此时，投资人为保护自己的利益，会尽可能多地与融资人约定相关条款，融资人为了能尽早完成交易，往往选择顺从。殊不知，这些保护性条款，往往隐藏着许多陷阱，如果融资人不能及时发现，其发展将受到很大的阻碍。

在这些保护性条款中，常见的有以下 2 种陷阱。

（1）控制权陷阱。控制权对于企业或创始人来说至关重要。根据持股比例的不同，控制权分为绝对控制权、相对控制权和一票否决权，这三种控制权都能直接决定企业的决策方向。

与控制权有关的条款，包括一票否决权条款、共同出售权条款、优先认购权条款等。如果企业的绝对控制权掌握在投资人手上，那么创始人将会失去话语权，相当于把企业拱手让人。因此，融资人在审查与控制权相关的条款时一定要谨小慎微。

（2）对赌陷阱。很多投资人都会与融资人签订对赌条款，一方面是为了激励融资人，另一方面是为了最大限度地保障自己的利益。常见的对赌内容，包括上市时间对赌和业绩对赌。其中，上市时间对赌风险较高。因为企业上市不仅会受到内部经营的影响，还会直接受到政策、行业等的影响，这些因素都是企业和个人难以控制且充满不确定性的。这对融资人来说风险太大。而业绩对赌虽同样具有风险，但更多的是为了激励创始人或其团队，实现更大的营收突破。

7.6.4　股权融资中的投资款支付风险

投资款是基于投资行为产生的，投资的行为多种多样，常见的有个人合伙组建公司或者融资获得股权。在股权融资中，投资款支付风险指的是投资款支付不明确，导致投资款变成了借款。

　　王先生大学毕业后成立了 A 公司，由于产品质量优良，公司第一年便实现了盈利。第二年，王先生看准商机打算快速扩张公司。由于资金有限，王先生找了大学同学李先生合伙出资。

　　李先生看好王先生的项目，于是直接投资了 100 万元，并且在转账时备注了投资款。李先生身在国外，没有参与公司的管理，两年内也没有收到任何分红。李先生回国后，发现公司业绩蒸蒸日上，要求王先生进行分红。但王先生只将 100 万元还给了李先生，并且告知李先生当初那笔钱只是借款。李先生非常气愤，于是将王先生告至法院。

　　在这个案例中，法院最终判定李先生的这 100 万元属于借款，王先生只需多支付 100 万元在这两年产生的利息即可。《公司法》规定，投资人在注资后便成了公司的股东，需要共担风险，可以共享收益。李先生虽然在转账时注明了这 100 万元是投资款，但是没有进行共担风险、共享收益的约定，因此该款项被认定为借款。

　　类似的投资款支付风险往往发生在与同学、朋友合伙的初创企业中，各位股东觉得彼此都是熟人，没必要进行过多复杂的规定，导致在分红时自己的利益受到损害。针对这种情况，最好用书面形式明确双方的权、责、利。

7.6.5　股权融资中的投资人撤资风险

　　投资人对企业投资的最终目的是取得未来收益，但也有投资人在投资过程中发现企业与自己的投资理念不符或者不看好企业的前景，于是中途选择撤资。这种行为对于融资人来说影响很大，很有可能会导致企业出现资金问题，影响企业的正常经营。

　　为避免投资人撤资对企业造成恶劣影响，融资人可以采用以下方式，保护企业稳定发展。

（1）约定退出机制。为保证企业的长久稳定发展，投融资双方在进行交易时必须签订股东协议书，明确规定进入机制和退出机制。其中，退出机制可以约束投资人，避免投资人中途撤资，如果在规定期限前撤资，投资人不仅得不到分红，而且也无法拿回投资款。

（2）约定高额的违约金。投资人中途撤资，很容易对企业的正常经营产生影响。双方签订投资协议时，都应明确自己的责任和义务。投资人撤资时，企业可以根据投资协议进行处理，大部分情况下，企业不允许投资人中途撤资。针对可能出现的投资人中途撤资的情况，双方可在投资协议中约定：若投资人中途撤资，需支付高额的违约金。

这两种方式，能有效避免企业发展的过程中遭遇投资人突然撤资的情况。

第 8 章
股权收购的利与弊：正视收购，维护利益

"人无股权不富"。这里的股权，特指那些有机会对接资本市场并准备上市的企业的股权。如果企业发展稳健，对接资本市场后，就有可能被收购，股权价值会成倍增长；如果企业独立上市，股权价值会实现指数级增长。

这听起来的确美好，但多数企业无法达到。尤其是小微企业和初创企业，如果创业失败，股权可能一文不值。因此，在进行股权收购时，投资人对收购对象的选择需特别谨慎。

8.1 股权收购的流程与注意事项

股权收购指以目标公司的全部或部分股权为收购标的的收购。

股权收购有不同的结果。如果第三方只对企业一小部分的股权进行收购，这种收购并不会让企业的整体属性产生变化；但如果第三方收购了企业 50% 以上的股权，那么第三方很容易实现对企业的控制。

因此，企业在参与股权收购时，必须严格按照流程进行，防止个人或企业权益受到侵害。

8.1.1 股权收购的价值

大部分股权收购的目的是获得标的企业的控制权，也有可能是为进入某个领域或市场做准备。当收购方成为标的企业的股东后，可以行使股东的相应权利，但也须承担相应的责任和义务。

图 8.1-1 为股权收购的价值。

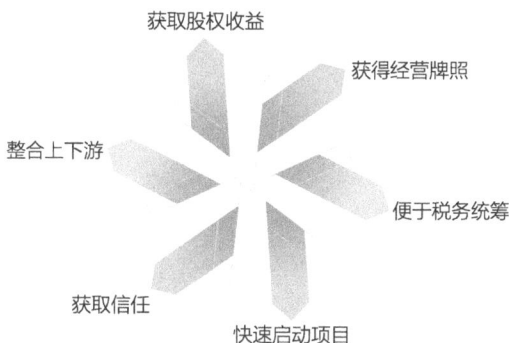

获取股权收益

获得经营牌照

整合上下游

便于税务统筹

获取信任

快速启动项目

图 8.1-1 股权收购的价值

收购方的收购目的各有不同，主要有以下几方面。

（1）获取股权收益。如果预期标的企业未来有较高回报率，收购方通过股权收购，不仅可以获得股东身份，还能享受标的企业的利益与分红。

（2）获得经营牌照。由于某些行业性质特殊，准入条件苛刻，因此想要涉足这一行业，收购方只能收购一些有牌照的企业。

（3）便于税务统筹。股权收购相比资产收购，在税务统筹方面速度更快，税负也更低。通过股权收购的方式进行股权规划，可以加快上市进度。

（4）快速启动项目。对于一些其他有专利权技术的企业，收购方重新研发耗时耗力，一旦股权收购成功，收购方就能直接使用这些现成的技术，产品面市更快，能更迅速地抢占市场。

（5）整合上下游。为强化与上下游企业之间的协作关系，收购方也可能参股供应商，以求保证原材料供应的及时性和获取价格优惠，使得产品销售渠道畅通、贷款回收及时等。

8.1.2 股权收购的流程

收购方可以通过购买标的企业一定比例的股权，成为标的企业的股东。如果收购方收购股权的比例超过50%，则是为了获得标的企业的控制权；如果未达到控股线，则可以看作投资。

股权收购中，通常需要经过以下流程。

（1）收购方与标的企业及其股东进行初步洽谈，双方沟通交易需求，互相了解情况。如果双方达成收购意向，需签订收购意向书。

（2）收购方在标的企业的协助下对其资产、债权、财务等方面进行尽职调查和资产评估。

（3）收购方与标的企业的债权人或股东组成收购小组，草拟实施收购预案。

（4）标的企业与债权人或其代表达成债务重组协议，约定相关债务的赔偿事宜。

（5）收购双方进入正式谈判阶段，明确规定双方权益，协调收购事宜，签订收购合同。

（6）标的企业及时变更相关文件，包括标的企业章程、股东会决议文件、董事会决议文件等。

（7）收购方与标的企业共同办理股权及工商变更登记手续。

8.1.3　股权收购的注意事项

每个企业的特点和经营状况各有不同，股权收购属于企业重大事务，很可能会影响企业未来发展状况。因此，收购方进行股权收购时，需注意以下事项。

（1）明确标的企业的股权结构。收购方在签订收购合同前，应审阅标的企业章程、董事会决议、股东会决议等必要文件，深入考察标的企业股权主体，确保股权转让的主体拥有股权。

还需注意，如果是向股东以外的第三方转让股权，必须经过其他股东过半数同意。

（2）进行资产评估。对确认转让的股权份额，收购方应聘请国家认可的资产评估机构对相关资产进行评估，出具权威的评估报告。

（3）调查标的企业债务情况。收购方不仅需要一一核查标的企业正在履行的所有合同，还需注意标的企业是否签订有保证性条款或承担连带责任的合同。如果标的企业有相应债务，应由标的企业原股东承担。

（4）注册资本出资情况。签订收购合同前，收购方应查清标的企业注册资本是认缴还是实缴。

（5）明确权利义务。收购合同必须明确收购双方的权利和义务，并对标的企业的资产、经营状况、债务情况等进行说明。

（6）交接与变更。签订收购合同后，标的企业应尽快协助收购方完成工商变更登记，办理印章、财务资料、办公场所交接等事宜。

8.2 如何应对收购方，保障各方利益

股权占比情况影响着企业的决策和运营，而股权收购涉及的金额往往都非常大，如果收购双方彼此未能通过调查深度了解对方，很容易产生纠纷。此时，即便能完成收购，收购双方也经常会因为股权问题影响企业运营。因此，在进行股权收购时，收购方与被收购方如何互相挑选是关键问题。

8.2.1 如何提高估值，促成合理收购

标的企业放手让股权走向资本市场，而收购方看重的是标的企业的估值。通过估值，收购方才能了解标的企业的价值，以及其中哪些部分是值钱的，哪些部分是不值钱的。

对标的企业而言，提高估值能有效地展示企业的发展潜力，扩大影响力，让企业受到更多收购方的青睐。

图 8.2-1 为标的企业提高估值的 4 个层面。

| 1 | 2 | 3 | 4 |
| 业务领域 | 商业模式 | 创业阶段 | 自由现金流 |

图 8.2-1　标的企业提高估值的 4 个层面

标的企业要想提高估值，可以从以下几个层面入手。

（1）业务领域。如果标的企业所在的领域是投资热门，那么其估值自然高，甚至会出现虚高的情况。但如果标的企业所在领域不在风口上，或者已经属于夕阳产业，那么它的估值自然相对较低。

（2）商业模式。不同商业模式的估值模型完全不同。

（3）创业阶段。资本市场中，在项目的不同阶段，投资人看重的因素是不同的，其估值依据也完全不同。创业者必须清楚自己的项目处于哪个发展阶段，最需要凸显的重点因素是什么。

（4）自由现金流。流动的钱比袋中的钱更有价值。企业自由现金流是估值领域中常用的指标。这一指标用于对整个企业的运营情况进行评估，而不仅仅是评估股权价值，因此参考价值更高。

8.2.2　如何应对收购方的调查与合同条款

尽职调查，是整个收购过程中非常重要的环节，其结果会显著影响收购的结果。尽职调查主要用于收购方对标的企业进行最终估值，并排查标的企业在债务、法律、政策上的风险，最终根据调查结果进行投资可行性分析。

标的企业在应对收购方的调查时，需要从以下 3 方面入手。

（1）业务方面。涉及业务方面的事项有市场分析、行业地位、客户来源、供应链、行业监管和政策等。标的企业可以提供文件、配合访谈或现场调查来协助收购方。

（2）财务方面。标的企业在配合财务调查时，应和收购方签保密协议。因为财务调查涉及企业的资金流向、日常开支、过往业绩、盈利预算等机密数据。倘若这些数据流入竞争对手的手里，将会给标的企业的权益带来巨大的损失。

（3）法务方面。收购方会聘请专业法务团队来进行调查，标的企业则需要提供法律文件，以便收购方对企业资产合规性进行评估，以排查潜在法律风险。通常情况下，标的企业需要提供与股权架构、房屋产权、诉讼、雇佣关系等相关的文件。

除了尽职调查外，收购方在签订收购合同时，为保障自己的权益，往往会附加许多条款，例如先决条件条款、承诺与保证条款、优先清算权条款等，这在法律上是允许的。因此，标的企业在签订合同时，只要是涉及双方权利及义务的条款，都需要添加补充协议，避免口头约定。所有条款的主体、期限，都必须清晰明确，不能模棱两可。

8.2.3　如何应对收购方的业绩对赌要求

业绩对赌，是收购方为保障自身权益而对标的企业采取的调整决策机制。然而，一些收购方习惯将注意力集中在"赌"字上，这种想法对收购双方来说都存在很大风险。

设立对赌条款，一般需要考虑诸多因素的影响，为标的企业留出必要空间。即便如此，标的企业在发展的过程中，也经常会受到宏观政策、经济周期等的影响。

那么标的企业应该如何应对收购方的业绩对赌要求呢？

（1）充分了解自身实力。标的企业在签订对赌条款时，要根据自身的经营状况，充分预估自身的履约能力，不能为了出让股权而对收购方"唯命是从"。除此之外，还需评估触发对赌条款的可能性，降低企业今后的风险。

（2）避免"赌博心态"。标的企业应避免在对赌条款上大包大揽，而应设置科学的、分阶段的对赌方式，尽可能不签目标单一的"生死状"。标的企业最好设置对赌条款触发后的补救措施和谅解期，为自己争取挽回的余地。

8.2.4　如何维护小股东的权益

企业一旦参与收购，股权架构必然面临调整。小股东由于信息不对称，在企业经营管理中处于弱势地位。如果企业开展或遭遇收购，小股东该如何保护自己的合法权益呢？

李先生与王先生、孙先生合伙经营一家互联网公司，几年时间就做到了行业领先。随着规模逐渐扩大，公司开始准备收购几家小公司。李先生原本在公司占股不过10%，而王先生表示公司收购完成后，李先生的持股比例将进一步减小，甚至有可能被完全稀释，让其退出股东层。李先生非常气愤，但他对此感到非常无助，急切地想知道：作为小股东，是否有权利拒绝公司此次的操作？

这一案例中，王先生的做法是不合理的，因为他违背了其他股东的股份出让自由权与表决权。

企业收购过程中，无论股东持股比例是高是低，其以信息披露制度为保障的知情权、股份出让自由权、表决权等权利，都应得到有效的保护。因此，王先生强制李先生退出股东层，属于违反《公司法》和企业章程的行为，严重损害了李先生的股东利益，李先生可以向人民法院提起诉讼。

在企业收购过程中，由于控股股东掌握信息优势，当小股东与其发生利益冲突时，控股股东很有可能滥用自身优势地位损害小股东的利益。此时，小股东必须动用法律武器，维护自己的合法权益。

8.3　股权收购的相关条款与合同

股权收购一般涉及的金额较大。股权收购无论对收购方还是标的企业，都是战略级别的重要计划。为保护收购双方的利益，明确收购双方的权利和义务，收购双方在签订股权收购合同时需要设置好相关条款。

8.3.1　先决条件条款

先决条件条款反映了投资者在向标的企业投资前，标的企业必须满足的先决条件。

先决条件条款是收购合同能实际履行的前提，其主要由以下部分组成。

1. 先决条款内容的特点

先决条件条款主要有以下特点。

（1）相关协议签署完毕，文件内容合法合规。

（2）收购意向需经标的企业股东会、董事会、监事会确认，以及第三方机构和当地政府的批准。

（3）投资方必须先完成对标的企业的尽职调查，确保收购程序合法合规。一旦发现问题，要有妥善合理的解决方案。

2. 需要考虑的问题

设置先决条件条款时，应注意以下问题。

（1）应由投资方还是标的企业来促使先决条件的达成。

（2）对先决条件的达成如何判断。

（3）如果任意一方放弃先决条件，需要承担怎样的后果。

8.3.2　承诺与保证条款

承诺与保证条款，是对在签署收购协议之日至收购完成之日，可能发生的损害投资方利益或妨碍交易完成的情形进行说明，并且由标的企业和原股东作出承诺保证的条款。

承诺条款是标的企业或原股东对未来的事情承诺一定作为与非作为的条款。保证条款是对过去发生的或现实存在的事情做确实保证的条款。

承诺与保证条款主要由以下部分组成。

（1）标的企业与原股东是依法成立和有效存续的企业法人或拥有合法身份的自然人，具有完全的民事权利能力和行为能力。如果开展业务需要法人或股东批准或许可，那么应获得相应的批准或许可后才能进行。

（2）双方签署的协议既要符合法律规定和行业准则，也要遵循企业章程。

（3）标的企业及原股东应及时、完整、详细地通报本次交易的相关信息和资料。未披露的负债或其他债务，应由标的企业和原股东承担。

（4）自签署投资协议之日起，双方必须确实履行相应义务。

8.3.3　交易标的和支付条款

交易标的和支付条款，主要是为了对交易结构加以约定。交易结构指收购双方的交易方式，其中包括收购价格、收购方式、交割时间等。

收购方认购标的企业股权后，经常会新增注册资本，这会影响原股东的持股比例，甚至会出现原股东向标的企业借款的情况。因此，这些与收购方式相关的操作，在交易标的和支付条款中都必须详细说明。

在交易标的和支付条款中，重要的信息是双方认购或受让股权的价格、数量以及占比等，其次是支付方式和交割程序的期限。

需要特别注意的是，交易标的条款中交易标的物必须精准、清晰，必须明确标注标的物的资产组成、数量、坐落位置、使用年限等。对于涉及国有股权的资产，还应当详细说明股权的基本情况。

支付条款不仅包括了价格、支付期限，还涉及股权分配和资产转移方式等。其中，价格部分包括价款计算方法、价款总额等；支付期限包括收购款的支付时间节点等；而股权分配和资产转移方式部分，跟先决条件和转移执行方式紧密相关。

8.3.4 过渡期间损益归属以及未分配利润处理条款

收购不是一锤子买卖，离不开复杂的交割程序。从签署收购合同之日到资产或股权转移之日属于过渡期。其中有很多变数会影响收购的成败。

在过渡期，虽然收购方尚未完全完成交割，但已享有标的企业重要事件的知情权以及人员管理和紧急事件的处置权。因此，在设置条款时，必须明确约定以下几点内容。

（1）在过渡期，原股东不得对标的企业的股权进行转让、质押等权利负担行为。

（2）在过渡期，标的企业必须进行封账，不得进行利润分配、新增资本等权利负担行为。

（3）标的企业需重点明确在过渡期不得以任何方式处置其主要资产，且不能出现正常经营之外的重大债务事件。同时，标的企业的财务情况不允许出现重大波动。

8.3.5　收购合同的必备内容及模板

收购合同需要反映合同标的、数量、质量、履约期限等基本内容，确定合同当事人的法定权利和义务，同时还需对双方的约定以书面形式进行完善，并且对特定条款进行解释。

一份全面的收购合同可以在收购双方产生矛盾时，作为判断双方签订合同时真实意思的依据。以下为收购合同的模板。

转让方：＿＿＿＿＿＿＿＿＿有限公司（以下简称为甲方）

注册地址：＿＿＿＿＿＿＿　法定代表人：＿＿＿＿＿＿

受让方：＿＿＿＿＿＿＿＿＿有限公司（以下简称为乙方）

注册地址：＿＿＿＿＿＿＿　法定代表人：＿＿＿＿＿＿

填写说明：

1. 甲方系依据《中华人民共和国公司法》及其他相关法律、法规之规定于＿＿＿年＿＿＿月＿＿＿日设立并有效存续的有限责任公司。注册资本为人民币＿＿＿元；法定代表人为＿＿＿＿＿＿；统一社会信用代码为＿＿＿＿＿＿＿＿＿。

2. 乙方系依据《中华人民共和国公司法》及其他相关法律、法规之规定于＿＿＿年＿＿＿月＿＿＿日设立并有效存续的有限责任公司。注册资本为人民币＿＿＿元；法定代表人为＿＿＿＿＿＿；统一社会信用代码为＿＿＿＿＿＿＿＿＿。

3. 甲方拥有＿＿＿＿＿＿＿有限公司 100% 的股权；至本协议签署之日，甲方各股东已按相关法律、法规及公司章程之规定，按期足额缴付了全部出资，并合法拥有该公司全部、完整的权利。

4. 甲方拟通过股权及全部资产转让的方式，将甲方公司转让给乙方，且乙方同意受让。根据《中华人民共和国合同法》和《中华人民共和国公司法》以及其他相关法律、法规之规定，本协议双方本着平等互利的原则，经友好协商，就甲方公司整体出／受让事项达成协议如下，以资信守。

第一条　先决条件

1.1 下列条件一旦全部得以满足，则本协议立即生效。

①甲方向乙方提交转让方公司章程规定的权力机构同意转让公司全部股权及全部资产的决议之副本。

②甲方财务账目真实、清楚；转让前公司的一切债权、债务均已合法有效剥离。

③乙方委任的审计机构或者财会人员针对甲方的财务状况的审计结果或财务评价与转让声明及附件一致。

1.2 上述先决条件于本协议签署之日起____日内，尚未得到满足，本协议将不发生法律约束力；除导致本协议不能生效的过错方承担缔约损失人民币___万元之外，本协议双方均不承担任何其他责任，本协议双方亦不得凭本协议向对方索赔。

第二条　转让标的

甲方同意将其各股东持有的公司全部股权及其他全部资产按照本协议的条款出让给乙方；乙方同意按照本协议的条款，受让甲方持有的全部股权和全部资产，乙方在受让上述股权和资产后，依法享有_____公司 100% 的股权及对应的股东权利。

第三条　转让股权及资产之价款

本协议双方一致同意，_____公司股权及全部资产的转让价格合计为人民币（RMB）___元整。

第四条　股权及资产转让

本协议生效后___日内，甲方应当完成下列事项办理及移交各项。

4.1 将_____公司的管理权移交给乙方（包括但不限于将董事会、监事会、总经理等全部工作人员更换为乙方委派之人员）。

4.2 积极协助、配合乙方依据相关法律、法规及公司章程之规定，修订、签署本次股权及全部资产转让所需的相关文件，共同办理_____公司有关工商行政管理机关变更登记手续。

4.3 将本协议第十六条约定的各项文书、资料交付乙方并将相关实物资产移交乙方。

第五条　股权及资产转让价款的支付

第六条　转让方的义务

6.1 甲方须配合与协助乙方对_____公司的审计及财务评价工作。

6.2 甲方须及时签署应由其签署并提供的与该等股权及资产转让相关的所有需要上报审批的文件。

6.3 甲方将依本协议的规定，协助乙方办理该等股权及资产转让的报批、备案手续及工商变更登记手续。

第七条 受让方的义务

7.1 乙方须依据本协议第四条的规定及时向甲方支付该等股权及资产的全部转让价款。

7.2 乙方将按本协议的规定，负责督促_____公司及时办理该等股权及资产转让的报批手续及工商变更登记手续。

7.3 乙方应及时出具为完成该等股权及资产转让而应由其签署或出具的相关文件。

第八条 陈述与保证

8.1 转让方在此不可撤销的陈述并保证：

①甲方自愿转让其所拥有的_____公司全部股权及全部资产；

②甲方就此项交易向乙方所做的一切陈述、说明或保证、承诺及向乙方出示、移交的全部资料均真实、合法、有效，无任何虚构、伪造、隐瞒、遗漏等不实之处；

③甲方在其所拥有的该等股权及全部资产上没有设立任何形式之担保，亦不存在任何形式之法律瑕疵，并保证乙方在受让该等股权及全部资产后不会遇到任何形式的权利障碍或面临类似性质的障碍威胁；

④甲方保证其就该等股权及全部资产的背景及_____公司的实际现状已做了全面真实的披露，没有隐瞒对乙方行使股权将产生任何实质不利影响或潜在不利影响的内容；

⑤甲方拥有该等股权及资产的全部合法权力订立并履行本协议，甲方签署并履行本协议项下的权利和义务并没有违反_____公司章程的规定，并不存在任何法律上的障碍或限制；

⑥甲方签署协议的代表已通过所有必要的程序被授权签署本协议；

⑦本协议生效后，将构成对甲方各股东合法、有效、有约束力的文件。

8.2 受让方在此不可撤销的陈述并保证：

①乙方自愿受让甲方转让之全部股权及全部资产；

②乙方拥有全部权力订立本协议并履行本协议项下的权利和义务并没有违反乙方公司章程的规定，并不存在任何法律上的障碍或限制；

③乙方保证受让该等股权及全部资产的意思表示真实，并有足够的条件及能力履行本协议；

④乙方签署本协议的代表已通过所有必要的程序被授权签署本协议。

第九条　担保条款

对于本协议项下甲方的义务和责任，由＿＿＿＿承担连带责任的担保。

第十条　违约责任

10.1 协议任何一方未按本协议的规定履行其义务，应按如下方式向有关当事人承担违约责任。

①任何一方违反本协议第七条之陈述与保证，因此给对方造成损失者，违约方向守约方支付违约金＿＿＿＿万元。

②乙方未按本协议的规定及时向甲方支付该等股权及资产的转让价款的，按逾期付款金额承担＿＿＿＿（百分比）的违约金。

10.2 上述规定并不影响守约者根据法律、法规或本协议其他条款的规定，就本条规定所不能补偿的损失，请求损害赔偿的权利。

第十一条　适用法律及争议的解决

11.1 协议的订立、生效、解释、履行及争议的解决等适用《中华人民共和国合同法》《中华人民共和国公司法》等法律、法规，本协议的任何内容如与法律、法规冲突，则应以法律、法规的规定为准。

11.2 任何与本协议有关或因本协议引起的争议，协议各方均应首先通过协商友好解决，＿＿＿＿日内不能协商解决的，协议双方均有权向协议签订地人民法院提起诉讼。

第十二条　协议修改、变更、补充

本协议的修改、变更、补充均由双方协商一致后，以书面形式进行，经双方正式签署后生效。

第十三条　特别约定

除非为了遵循有关法律规定，有关本协议的存在、内容、履行的公开及公告，应事先获得乙方的书面批准及同意。

第十四条　协议的生效

14.1 协议经双方合法签署，报请各自的董事会或股东会批准，并经公司股东会通过后生效。

14.2 本协议一式三份，双方各执一份，第三份备存于_____公司内；副本若干份，供报批及备案等使用。

第十五条　本协议未尽事宜，由各方另行订立补充协议予以约定

第十六条　本协议的附件

16.1 公司财务审计报告书。

16.2 公司资产评估报告书。

16.3 公司租房协议书。

16.4 公司其他有关权利转让协议书。

16.5 公司固定资产与机器设备清单。

16.6 公司流动资产清单。

16.7 公司债权债务清单。

16.8 公司其他有关文件、资料。

甲方（盖章）：_____　　　乙方（盖章）：_____

法定代表人：_____　　　法定代表人：_____

___年___月___日　　　　　___年___月___日

第 9 章
股权上市的博弈：内外兼修，长远发展

在人们的印象中，企业上市意味着企业的财力雄厚，潜力广阔。事实确有几分如此。我国对企业上市具有一定的资格要求、严格的程序要求，符合上市条件的企业，在股权架构、财务状况等方面，具有一定的优势。

9.1 股权改造与合法合规结构

A 公司经过多年的发展渐具规模，为了增强融资能力和提升品牌影响力，A 公司决定上市。上市需要哪些资质、通过什么样的流程申请、公司复杂的持股情况能否通过证监会的审批？这些问题都需要 A 公司去面对和解决。

9.1.1 什么是上市

上市，是指企业首次通过证券交易机构和场所公开向公众发行股票募集资金的行为；是企业将自身股份按照一定的规则分成若干等份，通过一定的法律程序让股份进入公开市场进行流通的过程，这个过程我们也称之为股权上市。投资者如果看好企业的发展前景，就可以在市场中买入企业的股票，也就成了企业的股东。

资金是企业发展的"血液"，企业股权上市的直接目的是提升自己的融资能力，为企业发展募集更多的资金。现实中，除了股权上市之外，企业还可以通过借贷或者银行贷款的方式融资。但是借贷的利息较高，而且到期偿还的压力大；银行贷款的金额有限，一般都需要相应的抵押担保，银行也会因贷款额度等政策因素限制对企业的资金借贷力度。企业的资金链一旦吃紧或者断裂，就会严重影响企业的经营和发展。

相比于银行贷款等资金募集方式，上市无疑是更好的融资途径。企业通过让渡一部分股权换取资金用于自身的发展，募集的资金量大且流通性好，能满足企业快速发展的资金需求。通过上市募集的资金成为企业的资产，企业无须面临清偿，从而能够专注自身的发展。

除实现融资的目的之外，企业上市还能完善企业的治理结构，夯实企业的发展基础，提升企业的品牌影响力，加强企业在客户、投资者、供应商和金融机构中的信任度。

9.1.2　股权上市的条件与流程

很多企业把上市当成目标，但并非每个企业都能够上市，企业上市必须满足一系列的条件并经一定的程序申请、审批。

1. 上市的条件

我国《证券法》规定，申请证券上市交易，应符合证券交易所上市规则规定的上市条件。尽管上海证券交易所、深圳证券交易所、北京证券交易所对公司上市规定的条件不尽相同，但都对公司的组织结构、股本总额、发行比例、公司股东、财务状况等有特定要求。

以上海证券交易所为例，《上海证券交易所股票上市规则（2022 年 1 月修订）》规定的公司上市条件有：

（1）股票已公开发行；

（2）具备健全且运行良好的组织机构；

（3）具有持续经营能力；

（4）公司股本总额不少于人民币 5 000 万元；

（5）公开发行的股份达到公司股份总数的 25% 以上；公司股本总额超过人民币 4 亿元的，公开发行股份的比例达到 10% 以上；

（6）公司及其控股股东、实际控制人最近 3 年不存在贪污、贿赂、侵占财产、挪用财产或者破坏社会主义市场经济秩序的刑事犯罪；

（7）最近 3 个会计年度财务会计报告均被出具无保留意见审计报告；

（8）要求的其他条件。

2. 上市的流程

企业公开发行股票并上市，一般需要经历改制阶段、辅导阶段、申报阶段和上市发行阶段，每个阶段企业都应根据规定完成相应的上市准备工作。

图 9.1-1 为企业上市的流程。

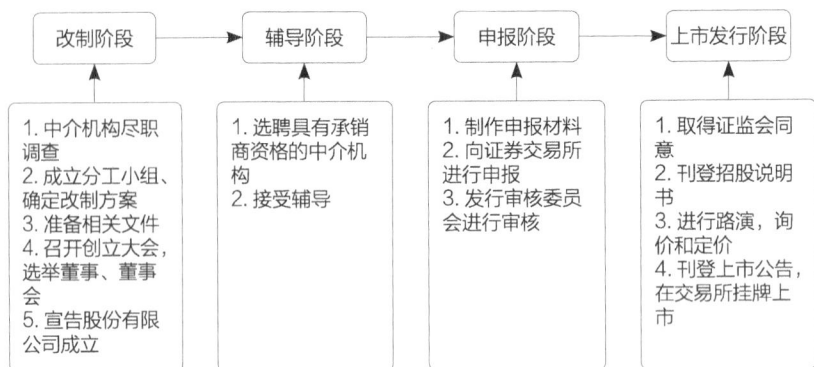

图 9.1-1　企业上市的流程

企业上市是复杂的工程，从准备上市到最终完成上市，需要相当长的时间。企业应积极提升自身的硬实力，早日完成上市的目标。

9.1.3　股权改造的方法与流程

企业上市的前提条件是企业必须为股份有限公司。股份有限公司的股东人数众多，具有公众性，企业想要上市，首先要完成对应的股权改造。

1. 新设立股份有限公司的方法与流程

股份有限公司的设立有发起设立和募集设立两种方式。

（1）发起设立的程序。

第一步，确定发起人并签订发起人协议。发起的人数在 2 人以上 200 人以下。发起人既可以是法人，也可以是自然人；既可以是我国居民，也可以是国外居民，但必须半数以上的发起人在我国国内有居所。

发起人协议，是发起人签署的约定设立公司有关事项的协议，内容包括企业的基本性质和结构等。发起人协议约定的是发起人之间的权利义务关系。发起人还需订立公司章程。公司章程需经全体发起人一致同意并签名盖章。

第二步，发起人认购公司股份。发起人的出资可以是货币，也可以是知识产权、实物、土地使用权等非货币资产，以非货币资产出资的，要依法办理财产权转移手续。

第三步，组建公司治理机关。发起人在认购公司股份并按照公司的章程缴纳完出资后，选举产生董事会和监事会并构建公司相应的治理机关。

第四步，办理公司设立登记。公司董事会准备公司章程和其他法律法规规定的公司设立登记申报材料，依法向登记机关申请登记后，公司即完成登记手续。

（2）募集设立的程序。

第一步，发起人认购公司股份。在确立公司的资本总额和股份数后，发起人按照规定应当承诺认购不少于公司股份总数 35% 的股份。

第二步，向社会公开募集股份。发起人认购完的剩余股份，经国务院证券管理部门批准后依法向社会公众募集。发起人应当制作招股说明书，由专门的证券经营机构承销、代销股份。

第三步，缴纳股款。发起人和公众在认购股份后，应当按照法定得到方式和时限缴纳所认购的股款。

第四步，召开创立大会。发起人依法定程序召开创立大会，选举产生董事、监事并组成董事会、监事会。

第五步，依法办理公司设立登记。

2. 变更设立股份有限公司的方法和流程

变更设立股份有限公司，主要是指有限责任公司按法定程序将公司形式变更为股份有限公司。

因为有限责任公司已事先存续，根据《公司法》的规定，变更公司形式的必须经有限责任公司股东会决议通过。待公司股东会决议通过后，公司股东签订相应的股东协议书规定股份有限公司的性质和结构，并制定公司章程、认购公司股份并缴纳出资（需办理增、减资手续的依法办理），然后再召开创立大会选举出董事会和监事会，最后依法办理公司登记，宣告变更为股份有限公司。

9.1.4 如何让股权具备合法、合规、合理的架构

股权架构的合理、稳定既影响公众投资者对于上市公司的信心，也是证监会等管理机构的关注重点。上市公司应努力维持股权架构合法、合规、合理。

1. 股权架构的合法、合规要求

对上市公司来说，社会公众持股比例是一道不可逾越的"生死线"。根据我国相关法律法规的规定，上市公司股本总额在 4 亿元以下的，社会公众持股比例不得低于总股本的 25%；股本总额超过 4 亿元的，社会公众持股比例不得低于10%。如连续 20 个交易日不高于上述条件的，可能被上海证券交易所暂停股票上市交易，12 个月内仍不达标的，可能被终止上市交易。

2. 股权架构的合理性要求

上市公司股权架构合法合规，是最低限度的要求，而合理的股权架构直接关系到上市公司的稳定。

（1）大股东的相对控制权。大股东对公司的控制权不稳定，极易导致"野蛮人"撬动公司股权架构的事件，引起公司的股权纠纷，影响公司股价在二级市场的波动。一般来说，大股东及其利益相关股东持股比例在 35% 以上，就能拥有对公司的相对控制权。

（2）投资者股权的合理分配。引进战略投资者对公司的资本壮大具有重要的影响，能显著缓解公司的资金紧张难题。投资者投资公司的目的是实现盈利，但为了避免投资者过分参与公司的战略决策，影响公司的经营理念和初衷，投资者的持股比例不宜过高，在 10%~15% 为宜。

（3）对管理层的适当激励。高管团队的稳定，关系企业的长远发展，也关系全体股东的利益。为激发高管的积极性，企业一般会给予高管团队一定的股权激励，其比例在 10% 左右为宜。如果激励人数众多，可以采取持股平台的方式维持股权的稳定性。

9.2 股权上市的 4 种选择

上市并不只是为了在证券交易所敲钟的"高光时刻"，而是为了长期与资本市场对接。在什么时机、在哪个证券交易所、在什么板块、用什么模式上市，都是影响企业上市效果的不可忽略的因素。

9.2.1　时机选择：如何让股权获得更高的市盈率

上市不能一味地追求快，企业上市后的市盈率会受到企业自身经营状况的影响，也会受到市场环境的影响。因此，上市的时机选择非常重要。

1. 企业自身因素

港交所公开的资料显示，其在 2019 年拒绝了 18 家企业的上市请求，主要原因是企业缺乏合理的募资用途。由此可见，企业需要较强的实力才能选择上市。

（1）企业股权架构清晰，分配制度合理。企业的控制结构稳定，发展方向和策略明晰，不会产生大的股权纷争；员工的稳定性好，不会频繁跳槽。这样的企业，能让投资者放心，上市后的市盈率自然不会太低。

（2）企业处于高速发展期。市场投资者更愿意追捧处于上升期的企业，因为这样的企业能够带来确定的回报。此外，企业高速发展的时候也需要大量资金支持，以提高市场占有率和盈利水平。相反，处于衰落期的企业则很难从市场上募集到资金。

（3）企业的经营业绩和财务状况处于较佳的状态。经营业绩、财务状况集中反映了企业的资产运作情况、盈利水平、债务偿还能力等诸多指标，是投资者考量企业运营状况的重要因素。

2. 市场环境因素

市场环境因素属于影响上市时机的外部因素。企业如果在市场繁荣的时候上市，大概率会收到事半功倍的效果。

下面是判断市场环境的重要标准。

（1）企业所处行业是否属于热门行业。行业发展也有周期性，当行业处于强周期的时候，行业内的企业上市会受到更多投资者的青睐。如互联网行业兴起的时候，互联网企业密集地上市融资。

（2）股票市场是否处于繁荣期。股市就是"钱"市，当投资者都对股票市场看好的时候，股市的资金量就大，如果投资者态度积极，企业的市场估值就会比较高。

（3）股票发行数量是否相对平稳。一段时间内证券市场上的资金总量是有限的，如果固定时段内企业密集上市，必然会产生资金分配不均的问题。因此企业在上市的时候要综合考虑前后一段时间内的股票上市情况，合理选择时机和决定发行数量。

9.2.2　地点选择：如何让企业获得更好的发展前景

2020 年 9 月 8 日，农夫山泉在港交所挂牌上市，开市股价报 38.3 港元 / 股，涨幅达 78.14%，公司总市值 4 450 多亿港元，钟睒睒也一跃成为亚洲首富。

企业选择不同的地点上市，就意味着面对不同的融资环境。因此，企业要在综合多方面的因素后，选择合适的上市地点。

（1）不同地区的上市标准。不同地区的证券交易所对企业治理结构、企业规模、会计规则等方面有着不同的要求。

（2）投资者市场偏好。选择不同的证券交易所上市，其实就是选择不同的投资主体和股东。股东对于不同行业的认可度在一定程度上也决定了企业在市场上的融资能力。

（3）企业核心客户分布。企业的主营业务和核心客户所在地区的分布情况，是影响企业上市地点选择的因素之一。例如，国内的传统制造型企业因其制造基地、主要市场都在境内，大部分都会选择在 A 股上市。

（4）上市后的监管环境。企业上市后的监管要求和监管环境是拟上市企业应考虑的重要因素。

（5）其他因素。例如，企业的战略发展方向，企业主营业务与上市地点的关联程度，上市所需的费用成本，等等。另外，上市地的法律制度、文化背景、相关政策等也是企业选择上市地点前需要考虑的因素。

在选择上市地点时，企业应立足长远发展，同时也要把握实际，选择适合企业特点的投资群体，让企业发展与资本增值相得益彰。

9.2.3　板块选择：根据企业实际选择合适的板块

是在主板、科创板上市，还是在创业板上市，企业要根据主营业务、财务指标、审批要求、募资用途等几个因素来确定。

表 9.2-1 为各板块对拟上市企业的不同要求。

表 9.2-1　各板块对拟上市企业的不同要求

项目	主板	创业板	科创板
主营业务	对拟上市企业所属行业、类型没有限制，符合相应证券交易所上市要求即可	处于创业期、成长期的科技含量高的中小企业，侧重于新能源、新材料、生物技术等领域成长性突出的企业，或者在技术模式上创新性强的企业	没有特别要求，但企业多是研发投入规模大、专利技术多的高新技术企业
财务指标	最近 3 个会计年度净盈利累计超 3 000 万元；最近 3 个会计年度经营活动产生的现金流量净额累计超过 5 000 万元或者最近 3 个会计年度营业收入累计超过 3 亿元；最近一期不存在未弥补亏损	最近 2 年连续实现盈利，净利润累计不少于 1 000 万元，且持续增长；最近 1 年实现盈利且净利润不少于 500 万元，最近 1 年营业收入不少于 5 000 万元，最近 2 年营业收入增长率均不低于 30%	最近 3 年研发投入占营业收入的比例在 5% 以上，或最近 3 年研发投入金额累计在 6 000 万元以上；最近 3 年营业收入复合增长率达到 20%，或最近 1 年营业收入金额达到 3 亿元
审批要求	主板审核周期相对较长，对企业的财务状况等资质要求比较高	对创业板上市企业的审核比较细致，对保荐机构的核查要求较严，需要企业补充披露的内容比较多，在上市被否率上要高于主板	审核相对较严格，要严格考察企业的"高技术"属性，要求将相关高新技术用于企业主营业务，审核程序相对烦琐
募资用途	募集的资金应该用于主营业务，但对募集资金的使用安排相对灵活，适合对资金使用灵活性较高的企业	募集的资金只能用于发展已有的主营业务，资金使用的灵活性不强。此举是因为对创业板企业的资质要求不高，防止企业将资金不用于主营业务而另作他用	科创板上市企业募集资金的使用应符合国家相关法律法规和产业政策要求，并应投资于科技创新领域

此外，北京证券交易所主要服务创新型中小企业。在北京证券交易所上市的企业市值规模比在主板、科创板和创业板上市的企业要小得多，且企业的发展阶段比在其他板块上市的企业更早。具有这一特点的中小企业，更适合在北京证券

交易所上市。

9.2.4　模式选择：如何洞察适合自身的模式

企业上市，有首发股票上市和借壳上市两种模式。

（1）首发股票上市。首发股票上市即通常所说的首次公开募股（Initial Public Offering，IPO）上市，是企业依法首次将自己的股份向公众出售以获取资金的过程，是企业首次公开发行股票。

值得注意的是，IPO其实并不等同于上市，IPO与上市是两个不同的概念，并且有着先后顺序：IPO在前，上市在后。根据我国相关法律的规定，企业要公开发行股票后才能上市。通常情况下，上市企业把这两个程序一并完成，即IPO上市。

（2）借壳上市，顾名思义是借别的企业的已经上市的"壳"来完成自己的上市目的，是通过把资产注入已经上市的"壳公司"，取得"壳公司"的控制权，再通过重组等方式把自己的业务、资金与"壳公司"进行融合的过程。一般情况下，融合完成之后，"壳公司"都会改名。

IPO上市程序对企业的资质审查较严，在上市的过程中，企业可以对自己的股权架构、治理结构、财务状态等做一个全面的梳理，有利于企业构建良好、稳定的企业治理模式。同时，IPO上市募集的资金较多，能够解决企业发展的资金问题。但IPO上市的审核程序烦琐、审核时间较长、所需费用较多，不符合急切要求上市的企业的需求。

借壳上市一般审核程序比较简单，审核标准也比较宽松，审核的周期也相对较短，这样就节省了时间成本和交易成本。而且借壳上市的企业无须向公众公布自己的各项指标，增大了企业信息的隐蔽性，企业对上市的定价也有一定的控制权。当然，借壳上市也有自身的潜在风险。例如，控制"壳公司"的资金投入大，短时间资金回笼压力大；二级市场投资者对借壳行为的接受程度对股价影响大；如果"壳公司"有诉讼、债务纠纷等问题，借壳上市后的企业的股价和后续发展都会受到不利影响。

9.3　股权转让

上市企业因面对人数众多的公众投资者，具有"公众性"的特点。为维护广大股东的利益，法律对上市企业股权转让等行为有着严格的限制和程序要求。

9.3.1　股权转让协议与企业章程

股权协议转让是企业股东进行股权交易的重要方式。上市企业的股权协议转让是指上市企业股东不选择公开的证券交易市场交易，而是私下协商转让股权的行为，双方由此达成的协议，即股权转让协议。

对上市企业股权协议转让，我国法律法规有着严格的程序要求。

1. 上市企业股权协议转让流程

根据《公司法》的规定，上市企业股东持有的股权可以依法转让。股东可以与协议购买对象就股权的交易价格、方式、时间等达成一致并签署协议。上市企业在股权转让协议签署后 3 日内应按照法律规定进行信息披露，并向证券交易所提交资料进行合规性审查，待审查意见通过后，向中国证券登记结算有限责任公司申请过户登记。

图 9.3-1 为上市企业股权协议转让的流程。

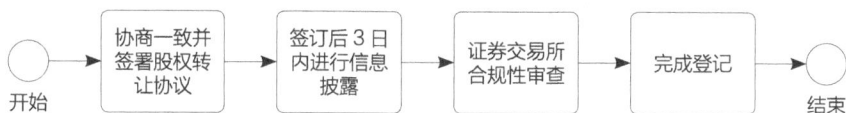

图 9.3-1　上市企业股权协议转让的流程

在整个转让过程中，法律及相关规定对股权转让的价格确定、信息披露、登记材料等方面都有限制性规定。

2. 上市企业章程对股权转让的限制性规定的效力

上市企业必然是股份有限公司，法律对股份有限公司的规定适用于上市企业。《公司法》规定，股份有限公司的股权可以依法转让，但要在证券交易所或者国务院规定的其他场所进行。同时，《公司法》也规定，经股东大会同意后，公司可以在章程中规定包括限制股权转让的其他事项。

企业章程关于股权转让的限制性规定的效力，可以分为对外和对内效力。

（1）对外效力。《公司法》规定公司必须制定章程，并对公司、股东、董事、高管具有约束力，但没有规定公司章程对其他人具有约束力。

从性质来看，章程是企业内部的契约，并不对社会公众具有效力。企业章程在登记机关备案并经公示后，与企业或者企业股东交易的第三人，可以通过了解企业章程的内容来防范交易风险。当然，这并不意味着与企业交易的第三人负有对企业章程审查或遵守的义务。

因此，只要与企业交易的第三人没有违反法律法规关于上市企业股权转让的强制性规定，企业就不能以企业章程有约定为由与之进行对抗。

（2）对内效力。企业章程是股份有限公司设立的必备条件之一，企业在设立时制定的企业初始章程，是全体股东一致同意通过的，对企业成立之初的所有股东都具有约束力。因此，企业初始章程对股权转让有其他限制性规定的，股东应当遵守。

企业成立后，还可以依法对企业章程进行修改，但企业章程的修改并不需要全体股东通过。

9.3.2 股东协议与企业章程的效力冲突

股东协议是股东在企业成立的时候关于权利义务的约定，与企业章程有一定的相似之处，但两者并非一回事。

1. 股东协议与企业章程的区别

股东协议与企业章程都是股东共同制定的，但在效力和程序等方面有区别。

（1）效力范围不同。企业章程对企业、股东、董事、监事、高管都具有约束力，但股东协议的约束力只限于签订协议的股东。

（2）强制性要求不同。企业章程是法律明确规定的、成立企业的必备要件之一，企业在办理登记时必须向登记机关提交企业章程。而法律对企业是否具有股东协议没有强制性要求。另外，企业章程必须是书面的法律文件，股东协议可以是书面的，也可以是口头的。

（3）公示与否不同。企业章程经登记机关登记备案后，具有对外公示的效力。股东协议是股东之间的内部协议，不需要登记备案也不需要对外公示。

（4）制定与修改程序不同。企业初始章程经全体股东同意通过，修改企业章程按照资本多数决原则进行。股东协议需要参与的股东一致同意才能制定和修改。

2. 股东协议与企业章程效力冲突时的适用原则

企业章程是根据《公司法》规定的程序和内容制定的，受《公司法》的约束；股东协议是股东之间协商一致制定的，是股东之间的民事法律行为，受《民法典》相关规定的约束。

企业章程具有公示的效力，在处理企业、股东与第三人之间的纠纷时，如果企业章程与股东协议约定不一致，应当维护企业章程公示公信的效力和善意第三人的权益，优先遵循企业章程规定。

企业章程与股东协议均是股东制定的关于股东内部权利义务的约定，在处理企业与股东或者股东之间的纠纷时，企业章程与股东协议约定不一致的，应当根据情况以股东的真实意思表示为准。比如，股东协议制定时间晚于章程的，应当以股东协议为股东的真实意思表示。

9.3.3 对赌协议

2021 年，东南汽车与奇瑞汽车的一份对赌协议资料在网络上传出。资料显示，东南汽车愿意以 80% 的股权换取奇瑞汽车的技术支持，力争在 3~5 年实现年产销 40 万台的目标。如达成阶段性目标，东南汽车无偿将 80% 的股权转让给奇瑞汽车。

对赌协议，又被称为估值调整协议。当投资方看好企业发展前景，但又担心企业发展的不确定性，于是就和企业达成对赌协议，约定企业在未来的某个时间达成一定的目标，并就该目标未达成的情况约定一定的补偿条件。

（1）对赌协议的主体。从大量的实际情况来看，对赌协议中，主要有投资方与企业的实际控制人（或者股东）对赌、投资方与企业对赌、投资方与企业和股东对赌等情形。

（2）对赌协议的主要内容。对赌协议常见的标的有业绩（即企业能否在某个时间段达成约定的业绩指标）、上市（即企业能否在约定的时间内完成上市）和其他标的。对赌协议中核心内容还包括当对赌目标没有实现时，对投资方的补偿条款。

（3）货币补偿或者股权补偿。当企业或者股东没有达到对赌协议约定的业绩目标或者上市目标时，企业或股东按照约定给予投资方一定的货币补偿，货币补偿的金额或者计算方式可以由双方约定。

企业或股东也可以相当的股权作为对投资方的补偿，但这种方式会引起企业股权架构的变化，产生抽逃出资等风险，在监管审查和司法实践中都会有一定的实现障碍。

（4）回购请求。当企业或者股东没有完成对赌目标时，投资方也可以将持有的企业的股票卖出，并要求企业或股东进行回购。一般情况下，投资方都会约定要求企业或股东溢价回购股票以弥补其资金损失。企业回购股票时，会使企业注册资本减少，且程序非常复杂，也会引起法律适用上的一些问题。

案例　成也萧何，败也萧何

对赌协议带有一定"赌"的性质。投资方与企业所有者都在赌，一方在赌能从企业获得丰厚报酬，一方在赌能从投资方那里获得大量融资。但事情不一定尽如人意，有的对赌协议能够实现双赢，有的对赌协议则让企业所有者折戟沉沙。

在 2004 年，国内的家电市场竞争激烈，而当时的永乐电器在市场上具有很大的知名度，盈利能力也很可观。但是其竞争对手国美电器和苏宁电器先后在港股和 A 股实现了上市，融资渠道大大拓宽，融资能力大大提升。谁能最终在市场竞争中笑傲群雄，一定程度上取决于企业在资本市场"跑马圈地"的能力，在这样的环境中，永乐电器急于寻找融资渠道。

为了支持自己的市场扩张计划，永乐电器创始人陈晓将目光转向了私募基金。经过大半年的谈判，永乐电器最终获得了摩根士丹利及鼎晖的 5 000 万美元联合投资，条件是两家基金要占永乐电器 27.36% 的股票。并且双方签订了一份对赌协议，以 2007 年永乐电器达到 6.75 亿元的净利润指标为条件，陈晓根据盈利情况向资本方出让或者从资本方获取股权。

以今天的眼光来看，当年定的这个目标过高了，毕竟永乐电器 2002 年至 2004 年的净利润分别为 2 820 万元、1.48 亿元和 2.12 亿元，与 6.75 亿元的目标相去甚远。但摩根士丹利方面给的理由是，过去几年永乐电器每年的净利润一直保持 50% 以上的增长率，按照这个增长率，永乐电器在 2007 年实现净利润 6.75 亿元应该不会太困难。

融得资本的永乐电器开始了大肆扩张之路，一方面在线下大举开设自营连锁店，另一方面加快收购地方性家电连锁品牌的步伐。到 2005 年 10 月 14 日，永乐电器正式登陆港交所完成 IPO，融资超过 10 亿港元。

在风光无限的背后，其实早就隐藏着"寒流"，永乐电器大举扩张带来的资金流、经营等方面的恶果开始凸显。上市后一个月，永乐电器不得不承认"外地发展战略不顺利"，其在 2005 年的净利润虽然达到了 3 亿多元，但毛利率却开始下降。到 2006 年上半年，永乐电器公告披露利润低于预期，这引发了永乐电器股价的大幅下挫，摩根士丹利在此时也大举减持了永乐电器 50% 的股票。

而最让永乐电器担忧的是，按照 2006 年的利润情况，在 2007 年实现对赌协议中约定的 6.75 亿元净利润目标的机会显得十分渺茫。这就意味着永乐电器要出让 3%~6% 的股权给摩根士丹利。

为了自救，永乐电器找到了国美电器，最终国美电器以 52.68 亿港元的代价全资收购永乐电器，永乐电器成了国美电器的全资子公司并从港交所退市。风光一时的陈晓就任国美电器总裁，但此时的陈晓已经不再是永乐电器的掌门人了，更像是国美电器的一个职业经理人。相应的对赌也落得草草收场的境地。

太子奶曾经以 8 888 888 元的价格夺得了央视日用消费品广告的权益，这在短时间内为太子奶赢得了大众的关注。但品牌提高市场份额不仅仅是依靠广告，更重要的产品的质量和消费者的认同。太子奶在这些方面没有独特的竞争优势，在市场中所占的份额也较小。

太子奶创始人李途纯为了实现上市的目标，引进了高盛等投行 7 300 万美元的融资，之后又引进花旗等银行 5 亿元的无抵押、无担保、无息贷款。如此优厚的条件，必然伴随着巨大的风险。根据对赌协议的约定，在收到 7 300 万美元注资的前三年，太子奶的业绩如果增长超过 50%，就可调整或者降低投资方的股权，如果达不到这个目标，李途纯就会失去对太子奶的控制权。

然而，太子奶在经历了一段时间的疯狂扩张之后，被曝出资金链断裂。到 2008 年，高盛等三大投行再注资 4.5 亿元，让李途纯交出其掌握的太子奶 60% 多的股权。此后湖南株洲市政府注资太子奶，从三大投行手中赎回股权并交予高科奶业代为行使，但这一系列的措施并未成功挽救太子奶。在太子奶资金链和销售业绩的双重压力下，李途纯被迫提前履行对赌协议，交出全部股权。

利用对赌协议固然能引进投资，但这些投资往往都伴随着极高的业绩增长目标。而市场往往是变幻莫测的，企业控制人很难准确预料今后市场的变化情况。在这种情形下，盲目地通过制定极高的业绩增长目标来引进投资，无疑是饮鸩止渴。

风险伴随着收益，反过来说，极高的收益也就意味着巨大的风险。企业控制人在签订对赌协议的时候一定要十分慎重，不要被眼前的短期利益蒙蔽了双眼！

9.4　股权变动

股东身份的变更以及股权占比的变化，都会引起股权变动。除了股权协议转让能引发股权变动之外，还有继承等法定行为和企业合并、分立等事件能引发股权变动。

9.4.1　优先购买权与善意取得

优先购买权，是有限责任公司股东所享有的法定权利，是为了维护有限责任公司的"人合性"特征，使公司的其他股东有权利在同等条件下优先购买某一股东拟转让的股权，以实现其他股东对公司的控制。

1. 优先购买权的实现条件和救济

优先购买权涉及企业、拟转让股东、其他股东以及受让人等多方的权益，其实现过程涉及对同等条件的认定等。

（1）拟转让股东的通知义务。其他股东要实现优先购买权，必须以知晓股权转让的事实为前提，而拟转让股东是最了解股权转让的条件和最熟悉其他股东联系方式和途径的，因此，法律将通知的义务赋予拟转让股东。拟转让股东必须以书面的方式或者其他能够让其他股东确认收悉的合理方式，将转让股权的条件等事项告知其他股东。

（2）同等条件的确认。什么是同等条件？是否价款一致就是同等条件？如果在价款一致的情况下，有股东要求分期付款又如何处理？

同等条件的确认，在实践中有相当大的难度，并没有量化的标准。我国《公司法》的相关司法解释，曾对同等条件的认定作了规定，即人民法院在判断同等条件时，应当考虑转让股权的数量、价格、支付方式及期限等因素。

虽然司法解释用了列举式的规定，但仍然无法概括所有的因素。因此，在具体判断是否为同等条件时，要综合各种因素进行考量。

（3）权利的救济。拟转让股东未履行通知义务的，实际上是剥夺了其他股东的优先购买权，其他股东可以主张按照同等条件优先购买。

2. 股权转让善意取得的构成要件

善意取得制度可保护善意第三人在交易中的合法权益，同时也可保护交易的稳定性。股权转让中的善意取得，参照了《民法典》中物权善意取得的相关规定，但同时也有区别。其构成要件如下。

（1）受让人受让股权时为善意。否认受让人受让时的善意的举证责任，在于真实权利人（实质股东）。实质股东应当举证，证明受让人在受让股权时，明知转让人不具真实的处分权利或者是对此具有重大过失。

判断善意与否的时间节点，应当以股权转让合同生效时作为标准。

（2）支付合理的股权转让对价。股权转让对价是否合理，是判断善意与否的重要客观标准。判断股权转让对价是否合理，可以市场的公允价格，或者第三方机构合理评估的价格等为标准。如果受让人以明显不合理的低价受让股权，可以判定其不具善意。

（3）已履行登记手续。有限责任公司股权的转让，除了法律法规另有规定的，应当履行登记手续。如果受让人以其姓名、名称已经记载于股东名册或者已经在登记机关登记为由，主张其已经取得受让股权的，应予以认可；如果尚未办理股权相应变更登记的，此时不得对抗善意的其他人。

9.4.2 股权变动中的婚姻与继承

2010 年 10 月，国内网络视频公司土豆网准备赴美上市，在这关键的时候，土豆网 CEO 王微的配偶与其打起了离婚官司，要求分割王微在土豆网的股权。于是，土豆网的上市计划被延误，同年 12 月，优酷网抢先上市对土豆网实现反超。即便王微与其配偶达成了和解，土豆网重启 IPO 上市，但已经失去市场先机，土豆网上市首日股价便大跌 12%，最终以被收购落幕。

企业创始人的离婚与继承等变动，往往涉及企业的股权变动。尽管其配偶从未参与企业的任何事务，但在离婚的时候就会发现这些"隐形合伙人"对于股权、企业的巨大影响。

从法律上看，股权具有的财产性、可转让性、可分割性等特点都决定了股权可以作为夫妻共同财产和遗产进行分割和继承。

（1）离婚时的股权变动。根据我国《民法典》中对婚姻家庭法律关系的规定，股权虽然登记在一方名下，但是可以根据夫妻双方的约定或者法律的规定成为夫妻共同财产。另外，一方在婚前取得的股权在夫妻关系存续期间的增值收益属于夫妻共同财产。

属于夫妻双方共有的股权可以依照双方的约定或者法院的判决进行分割，如果夫妻双方协议将股权的部分或者全部转让给其中一方，应当经其他股东过半数同意，并且要保障其他股东的优先购买权。企业为了规避股东离婚时产生的股权变动风险，也可以在企业章程中就有关事项进行特别规定。

（2）继承时的股权变动。有限责任公司的自然人股东死亡后，其合法继承人可以继承该股东的股东资格。法律规定的是合法继承人直接继承股东资格，并不需要其他股东过半数同意。股东的合法继承人都可以继承股东的股东资格，如果股东有多个合法继承人或者合法继承人之间就继承资格有争议的，会给企业股权变动带来许多未知的风险。对此，企业章程可以对自然人股东死亡后的股东身份继承问题做特别规定，比如自然人股东死亡后其他股东按比例以合理的价格受让股权。

9.4.3　特殊状况下的股权变动

股东离婚或者自然人股东死亡导致的股权变动，属于股权变动中的特殊情形。除此之外，法院强制执行股东的股权、股权的无偿赠与等，也属于特殊状况下的股权变动。

（1）法院强制执行引起的股权变动。股东在对外负有债务而又不能清偿或者足额清偿的时候，作为其财产权益的股权就可能面临被法院冻结和强制执行的风险，而一旦股权被强制执行，必然产生股权变动的后果。《公司法》对此有明确规定，要求法院在强制执行股东的股权时，应通知公司和公司的其他股东，保障其他股东的优先购买权，如果其他股东在接到通知之日起 20 日内不行使优先购买权，即视为放弃该项权利。

（2）赠与行为引起的股权变动。股权作为股东的财产性权益，理论上可以由股东进行处置，比如将自己的部分或者全部股权赠与受赠人。但同时，股权又具有一定的身份属性，有限责任公司的股东基于信任的社会关系一起设立公司，股权的随意赠与会破坏公司股东的信任关系和损害其他股东的优先购买权。

在股东将自己的股权无偿赠予公司其他股东，公司章程又无其他特别规定的情形下，应当保障其他股东的优先购买权。因为是赠与，而同等条件不可能为无偿，所以可以以市场的公允价格作为判断标准。

当股东将自己的股权赠与股东以外的人时，应当经过其他股东过半数同意，其他股东不同意的，在同等条件下享有优先购买权。

第 10 章
股权控制的策略与风险：抵挡"野蛮人"，
保障控制权

合理控制股东的权利，避免股东滥用权利给企业带来风险，是企业运营的重要内容。通常情况下，股东的权利是由国家法律法规规定和公司章程约定的，是既定的。股东的权利也受国家法律法规和公司章程的限制。

然而，对少数随心所欲、行事大胆的"野蛮人"而言，规则并不能成为限制其行为的有力保障，其肆无忌惮的股权争夺行为，将给企业带来难以预料的风险。因此，"抵挡'野蛮人'，保障控制权"是企业股权控制的重点。

10.1 如何将企业控制权牢牢掌握在手中

企业在运营过程中会出现很多问题，其中以股权和控制权之间的问题最为显著。不少企业在吸引人才时，会选择给予其一定股权作为激励的方式，然而企业招聘的符合股权激励标准的人才越多，股权摊得越薄，时间一长，管理者很容易出现失去对企业的控制权的情况。

乔布斯因为只持有苹果公司 11% 的股权，而对苹果公司失去了控制权，最后被马库斯和斯卡利联合赶出了苹果公司。

万科因为不重视股权，使得宝能系购入的股权占比达 24.26%，成为万科公司的第一大股东，"宝万之争"令人瞩目。

国美电器因资本短缺引入贝恩资本，最后却被其控制了董事局。

企业应该如何将控制权牢牢掌握在手中？

10.1.1 股权控制权

不同于分红权、查阅和复制权、表决权等法律规定的股东权利，股权控制权一般是指对企业运营中的重大事务有做出或影响决策的权利，是从企业股东的出资比例、企业股东参与企业经营管理的实际情况和股东所有权等方面衍生出来的权利。

实践中，企业的股东大都按照出资比例来决定决策权，因此股权控制权主要受企业股东的出资比例影响。通常而言，股东的出资比例越高，股东在企业中的控制权就越大，当然，这种说法并不绝对。

企业可以将股权控制权分为两种类型，如图 10.1-1 所示。

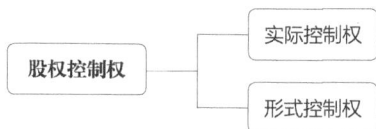

图 10.1-1　股权控制权的分类

股权控制权的分类如下。

（1）实际控制权。实际控制权是指股东拥有实际作出决策的权利。拥有实际控制权的股东，对企业的影响是巨大的。一般而言，股权与控制权成正比，即股东持有的股份、享有的股权越多，控制权越大。而股东拥有较大的控制权不仅可以直接决策企业的重大事项，包括更换董事等高级管理人员、决定企业未来的发展方向等，甚至可以修改企业章程。

（2）形式控制权。形式控制权是指表面上的控制权，也可以说是理论上的控制权，如股东对企业的重大事务有表决权等。简而言之，拥有形式控制权的股东一定是意见或建议的表达者，但不一定是企业重大事务的决策者。

企业管理者一定要厘清实际控制权和形式控制权之间的区别，做好股权保护工作，将股权控制权牢牢掌握在自己手中。

10.1.2　表决权委托

表决权委托是指企业的股东通过签订协议等合法方式，在一定时间内将基于出资比例获得的表决权委托给他人使用。表决权是国家法律规定的股东固有权利，因此，表决权委托是企业管理者获得企业控制权的有效方式。

图 10.1-2 为表决权的原则。

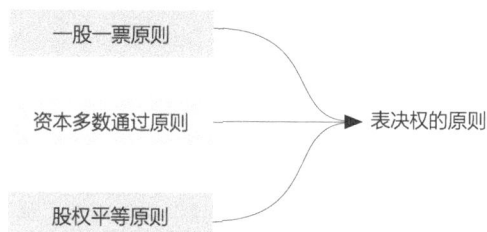

图 10.1-2　表决权的原则

宋先生是某股份有限公司的股东，共持有该企业 14.23% 的股份。后来，宋先生将自己持有的占该股份有限公司全部股份资本的全部委托权，一次性不可撤销地委托给该公司的创始人王先生，王先生由此获得了公司的控制权。

在以上案例中，该股份有限公司的创始人王先生通过表决权委托的方式，达到了控制该公司的目的。这种方式不仅有利于创始人或管理者的决策快速、有效地形成和实施，对企业高效运行也有强大的推动作用。

此外，表决权委托也是股东规避质押限制的有效手段。根据法律规定，对股权质押有以下限制。

（1）公司不得接受本公司的股票作为质押权的标的。

（2）依法可以转让的股份、股票，方可以设立质押。

（3）投资者不得将其股权质押给本公司。

由于我国存在质押限制的规定，因此一些股东会通过表决权委托的方式来转换股权的实际控制者，以此来实现控制权的变更。

10.1.3 一致行动人协议

一致行动人协议，又称为代理投票权协议，是指自然人或法人承诺在企业事务上保持一致的法律文书。通过签订一致行动人协议，企业创始人或其他股东可以通过抱团儿的方式在股东会会议的表决中占据多数意见。这不仅对企业事务决议的最终结果有很大的影响，对企业创始人获得企业控制权也有重要的作用。

宋先生是一家股份有限公司的创始人。公司设立前期，为引进人才，采用股权激励措施，宋先生将大部分股份分给了手下的人才。

然而，随着公司进入正轨并开始向上发展时，宋先生发现自己在股东会会议上提出的一些提议，总是被保守的股东否决。

为了公司的长远发展，以及维护自身利益，宋先生找到了公司里与自己意见相合的王先生、刘女士和其他中立股东，并和几人签订了一致行动人协议。

在之后的股东会会议前，几人都会先召开一个小会，对股东会会议上需要商讨的事务得出一个一致对外的结果。通过这种方法，宋先生掌握了公司的实际控制权，提出的决策也终于能够顺利执行了。

然而任何事都具有两面性，一致行动人协议虽然可以帮助企业创始人掌握企业的控制权，有利于形成管理的壁垒和保障决策的顺利执行，但同时，也对协议内的一方和协议外的一方都有不利影响。

对协议内的一方而言，协议中会写明对股东违约的惩罚，股东只能少数服从多数。签订了协议后，所有人就成了"一条绳上的蚂蚱"，一荣俱荣，一损俱损。

对协议外的一方而言，一些小股东会因为自身没有话语权而不愿为企业的发展出谋划策，不利于企业内部的稳定。

因此，是否需要签订一致行动人协议，应根据企业的实际运行情况决定，并且不论协议内一方股东是否完全掌握了企业的话语权，都应该听取其他股东提出的有利于企业长期、健康发展的建议。

10.1.4　成立有限合伙企业

根据《中华人民共和国合伙企业法》第二条的规定，有限合伙企业，是指由普通合伙人和有限合伙人组成的企业。其中普通合伙人一般是有限合伙企业的创始人，拥有对企业的实际控制权，并对企业债务承担无限连带责任。而有限合伙人不参与企业的运营和管理，只需按照出资比例享有分红和对企业债务承担责任，实现了权、利分离。因此，成立有限合伙企业，对保障创始人的股权控制权具有举足轻重的作用。

由于有限合伙企业是由普通合伙人和有限合伙人签订合伙协议成立的，属于契约式的企业，所以国家法律法规对有限合伙企业的成立没有资金限制。有限合伙企业可以有效募集资金，以满足企业发展的需要。

由此可见，成立有限合伙企业对企业领导者而言有很大的必要性。根据法律规定，成立有限合伙企业，需要满足一定的要求。

表10.1-1为成立有限合伙企业的要求。

表10.1-1　成立有限合伙企业的要求

要求	内容
人数要求	1. 由 2 个以上 50 个以下合伙人成立 2. 至少有 1 个普通合伙人
企业名称要求	有限合伙企业名称中应当有"有限合伙"字样
出资形式要求	有限合伙人可以以货币、实物、知识产权等出资，但不得以劳务出资，并需要按时足额缴纳出资
登记事项内容要求	需载明有限合伙人的姓名（名称）和认缴的出资数额

普通合伙人只有满足要求，才能成立有限合伙企业，实现对企业的有效控制。

10.1.5　日常经营权控制

日常经营权控制，即企业日常经营的控制权，是指创始人、总经理或者董事会在企业日常生产经营活动中有经营业务的权利。

企业的日常经营涉及的内容十分广泛，几乎涉及企业管理、运行的各个方面。尽管我国法律法规规定企业的重大事务需要经过股东会决议，但需要全体股东做决议的重大事项其实并不多见。因此，企业日常经营中召开股东会会议的次数屈指可数。在这种情况下，谁负责企业的日常经营，谁就拥有日常经营权。所以企业的日常经营权不论是对企业而言，还是对创始人而言都意义重大，创始人需要将其牢牢地把控在手里。

图10.1-3为日常经营权的内容。

图 10.1-3　日常经营权的内容

　　那么创始人应该如何将企业的日常经营权掌握在手中呢？主要可以通过表决权委托、签订一致行动人协议、成立有限合伙企业等方式来达成控制企业的目的。企业需要建设强有力的管理团队、合理的运营流程，以此保障决策执行的效率和促进企业高质量发展。

10.2　遭遇"野蛮人"如何夺回控制权

　　在不违反法律法规的基础上，企业可以自由设定章程内容。

　　例如，以下 4 种上市公司防止"野蛮人"入侵的方法，就曾帮助很多公司打赢了反并购战，保卫了自身的控制权。

10.2.1 "毒丸计划"

"毒丸计划"是指被恶意收购的公司通过发行证券，降低公司在收购方眼中的价值的措施。由于其不需要股东的直接批准就可以实施，所以在二十世纪八十年代后期被广泛使用。

2005年，新浪与盛大的股权争斗成为全世界投资者关注的焦点。新浪急聘摩根士丹利作为财务顾问，开始启动反收购。"毒丸计划"宣布后，新浪股价再次大涨至28.42美元/股。

新浪的"毒丸计划"分两步。首先，当盛大持股达到20%时，新浪将自动增发大量新股。其次，除盛大外，原先持有新浪股票的股东有权以半价优先购买新股，最多增持至公司股票的10%。

"毒丸计划"一旦开启，盛大原本持有的19.5%的股权将被稀释到2.28%。根据盛大当时的资金情况，"毒丸计划"一旦实施，盛大后续收购的资金很可能出现不足。

新浪通过"毒丸计划"打了一场胜战，完美地阻止了盛大继续增持新浪股票的行为。

"毒丸计划"是一种理想的反收购方法。除了增发新股，"毒丸计划"还有以下几种形式。图10.2-1为"毒丸计划"的形式。

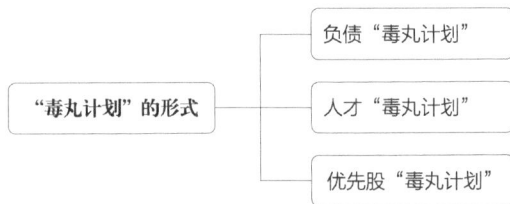

图10.2-1 "毒丸计划"的形式

（1）负债"毒丸计划"。负债"毒丸计划"，简而言之就是被收购企业事先向债主借一大笔钱，并约定如果自己被收购了，债主就可以提前拿回这笔钱，进而导致企业现金流恶化甚至出现财务困难；或把这笔债务转成被收购企业的股票，进而稀释收购方手中的股权。

（2）人才"毒丸计划"。人才"毒丸计划"指的是，被收购企业事先与本企业的高管约定，当企业被收购的时候，只要这些高管中的任意一人被降职或革职，原来所有的高管都将集体辞职。

（3）优先股"毒丸计划"。新浪与盛大的股权争斗使用的便是优先股"毒丸计划"。优先股"毒丸计划"指的是被收购企业的原股东有权决定企业增发股票，并以低价优先购买，借此摊薄收购方手中的股权。

10.2.2　"金色降落伞"

"金色降落伞"，是指当公司被收购时，收购方提供巨额补偿让被解雇的高管"安全并且获益丰厚地降落"的措施。其操作方法是在公司章程里设计一个条款，确保公司现有的高管如果因为公司被并购或收购而被解雇，能获得收购方提供的巨额补偿金。这样的反收购策略会给收购方带来巨大的现金流压力，增加其收购成本，迫使其终止收购。

2022 年 1 月，在进行了接近两个月的谈判后，微软宣布计划以 687 亿美元的价格收购动视暴雪。在动视暴雪向美国证监部门提交的文件中，披露了收购协议的部分内容。其中包括，如果微软逼迫动视暴雪 CEO 科迪克离开公司，那么"金色降落伞"条款将会启动，科迪克将得到一笔约 1 500 万美元的补偿金"安全降落"。

"金色降落伞"条款有利有弊。好处是公司支付给高管的巨额补偿费用将使得收购方的收购成本大幅增加，该条款成为抵御恶意收购的一种措施。弊端是有可能诱使高管为了得到巨额补偿而低价出售公司股权。

10.2.3　寻找"白衣骑士"

当公司面临恶意收购的时候，公司除了可采用"毒丸计划""金色降落伞"

以外，还可以寻找"白衣骑士"。

在反收购的过程中，公司的管理层为阻止收购方，转而去寻找一家管理层更能接受的第三方企业，来与收购方竞价收购公司的股票，这个第三方就被称为"白衣骑士"。

在收购战中，获得管理层支持的"白衣骑士"更容易取得胜利。

在 2002 年丽珠集团的股权之争中，公司管理层与第一大股东光大集团不和，光大集团有意将全部股权转让给合作伙伴东盛科技。为避免公司的控制权落入东盛科技之手，公司的管理层就寻找了"白衣骑士"。

公司的管理层与太太药业配合，将公司第二大股东丽士投资所持有的股份转让给了太太药业。太太药业同时在二级市场收购股票，最终成了丽珠集团的实际控制人。

对即将被收购的企业来说，"白衣骑士"并不容易寻找。当恶意收购发生的时候，企业邀请"白衣骑士"入场必须快速而坚决。因为对"白衣骑士"来说，做任何一笔交易都需要考虑能不能获得盈利，如果无利可图，"白衣骑士"也没有入场的必要。

10.2.4　"驱鲨剂"条款

"驱鲨剂"条款是指被收购公司通过增加收购方接管公司的难度来防御恶意收购的方法，其操作过程是由董事会组织召开股东会会议，设立相应条款来增加收购方接管公司控制权的难度。

2006 年 11 月，锦州港为了防止大连港集团的进一步收购，在股东大会临时会议上对公司章程、董事候选人提名程序、董事长任职条件等进行了严格的规定。其中包括：董事候选人需连续三年持有公司 30% 以上的股份，且提名委员会需要对候选人进行审查，形成审查报告，最终再交由股东大会选举。而在董事长的选举方面，规定公司董事长需由任职满两届的董事担任，并且需要全体董事过半数同意。

锦州港此次修改公司章程，目的是增加大连港集团控制公司的难度，将公司控制权紧紧握在自己手上。

"驱鲨剂"条款的操作过程与"毒丸计划"类似，但"驱鲨剂"条款通过增加接管难度来抵御恶意收购，而"毒丸计划"则通过稀释或摊薄收购方手中的股权进行抵制，二者本质上还是有很大的区别的。

为增加收购方接管公司控制权的难度，"驱鲨剂"条款主要有以下 3 种。图10.2-2 为"驱鲨剂"条款。

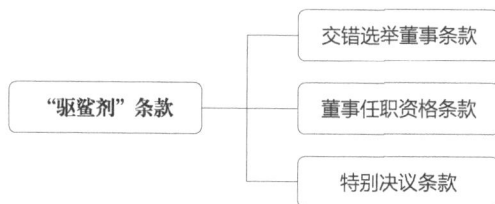

图 10.2-2 "驱鲨剂"条款

（1）交错选举董事条款。该条款规定每年股东大会只能更换小部分董事，董事在任职期间，股东大会不得无故解除其职务。这样的方式能防止股东对董事进行大换血，从而保住对公司的控制权。

（2）董事任职资格条款。该条款对董事任职资格和提名程序进行了详细的规定，当收购方提出董事候选人时得经过各种严格的考核，从而增加收购方对标的企业的控制难度。

（3）特别决议条款。《公司法》中明确规定，对公司产生重大影响的决议须经过出席会议的股东所持表决权的 2/3 以上通过。因此如果收购方的决议被判定为"对公司产生重大影响"，就得以特别决议的方式进行表决，从而削弱收购方的控制权。